街屋
台灣

TAIWAN STREET HOUSE

100間街屋，
100種看見台灣的方式！

圖・文 ——— 鄭開翔

街屋
台灣

TAIWAN STREET HOUSE

目　　錄

南台灣

中台灣

北台灣

東台灣及外離島

前言

這世界並不缺少美，
而是缺少發現

這個街屋系列從開始發想、創作、最終付梓，大概經過一年半的時間。我最早的計劃是描繪完成一百間台灣的街屋，後來卻無心插柳成為碩士畢業創作，甚至出版成書，一切始料未及。而這個系列最終完成了近兩百幅作品，我從中精選出由南到中、由北到東到外離島總共一百間街屋，以圖文並陳的方式介紹給大家。可惜因走遍台灣的時間還不夠，仍有許多遺珠尚未記錄到，期待未來還能有機會接續下去。

　　這段期間感謝指導教授在我撰寫論文階段給予鼓勵與引導，才有這個系列的完成；也非常感謝遠流出版公司的青睞，多次的溝通與編輯專業協助讓我對這本書的定調越來越清晰，也在撰寫過程中對這塊土地有更深的連結。當然也要感謝一直支持喜愛我的畫作的朋友們。

　　回顧過往，我想我會開始注意街上房子或建築的堆疊趣味，應該是源自於我從小喜歡收集模型。我著迷於模型的造形與塗裝色彩、質感表現。年紀稍長，雖較少涉獵收藏，但喜愛不減，並嘗試將這種愛轉化為日常生活中對建築細節的觀察。

　　我特別喜歡畫舊房子，那是因為舊房子充滿各種複雜的元素與色彩層次，用心觀察後會發現它們各有姿態。我希望透過畫作去傳達，倘若將生活中平凡無奇的房子換個角度觀看，透過想像力與主觀的美感去體驗，這樣的過程其實充滿樂趣。

　　街屋系列進行期間，我造訪台灣各地城市，常以走路方式漫步其中並現場速寫，若現場狀況不利寫生，也會以相機取景搭配快速草稿的方式做為日後創作的素材。通常以相機取景後，在實際下筆時，我會主觀地將建築周邊做出取

捨判斷，以獨棟的形式呈現；描繪的重點主要放在建築的獨特趣味上，而不是地景與周遭環境的關係記錄。

步行的方式有別於騎機車的速度，因此能觀看到更多平時鮮少注意的破舊屋舍與建築。在這過程中沒有明確的目標，面對陌生環境，感受力也相對提高；我讓心情處於如孩子探險的狀態，任何轉角皆有可能是驚喜的發現。

可能因為台灣地狹人稠及美學素養尚待加強，每當漫步各地街頭時，常可見到色彩對比強烈、造形誇張凌亂的招牌、加蓋鐵皮屋貼了塑膠浪板補丁、雜亂的電線與違建充斥等紛雜的街景。這樣的畫面的確讓人覺得凌亂，但矛盾的是，我又常因這般獨特紛雜的畫面駐足。我不想畫新穎的大樓或雄偉的豪宅，卻對一般人以為「醜」的建築感到醉心。

尋找街屋的過程中，我慢慢爬梳腦中紊亂的想法，之後發現，原來這樣房子會吸引我駐足，是因為房子本身所產生的「生活感」，使房子產生「獨特性」。這些象徵生活的元素附加在建築上，也讓這塊土地上的我們產生經驗上的共鳴，以及特殊的視覺衝擊。這樣直率、堆疊、複雜、多重元素所造成的街景，不也就是屬於我們的「台灣味」嗎？

我生長在這塊土地，對家鄉的關心強化了創作的初衷，也更豐富了創作的素材。在旅行的過程中我觀看了多樣的建築樣貌，而透過當下與人的互動，加上後續相關的文獻彙整，逐漸加深我對台灣這塊土地的認同感。

當然，我並不是希望所有街景都凌亂無章，僅僅期望能透過藝術家的主觀美感，重新詮釋這些街屋，並讓讀者反思，這樣的建築型態其實是台灣特殊的

風景，同時了解形成這種街景的人文意義與社會問題，有時甚至可以試著用一種「阿Q」的自嘲心態，既然無法快速改變城市的美感，那不如就用畫筆去美化它吧。

期望讀者在欣賞街屋的美麗之餘，也能夠開始重視身邊的環境，在我們漠視或忽略的城市角落，其實有許多房子正在一棟棟消逝，或許我們無力改變什麼，但至少可以開始學著珍惜身邊美好但稍縱即逝的事物。

這本書是我這幾年對於城市的觀察集結，對我來說，圖畫是個「引」，而文字才是我真正想傳達的。我常說我不是建築專業，要從建築的角度去剖析一棟房子，不免有些班門弄斧。但我認為，如果每個人都能帶著一點細心、用一點想像力去看待各個城市，也許我們會以更溫柔的方式對待這塊土地。

法國雕塑家羅丹曾說：「這世界並不缺少美，而是缺少發現。」或許，放慢腳步，你也會發現，我們生活周邊那些不起眼的事物，只要細心觀看，再運用一些想像力，其實，處處都會是美景。

認識台灣街屋

書中的一百間街屋，都是我到台灣各地「漫遊」，以拍照與現場速寫草稿的方式取材，再行創作繪製。其中有我個人對街屋的主張與詮釋，還有想帶領讀者觀看的重點方向，以及台灣街屋的獨特符號。這些有趣與在地的元素，建構出我對「台灣街屋」的認知與風貌。

我筆下的街屋

本書出現的一百間街屋，其實有著我個人主觀對街屋的獨特歸類與定義。

我們較熟知的台灣建築相關書籍上提及「街屋」一詞，多半指的是沿街而建的建築。李乾朗教授在《古蹟入門》中提及早期的街屋是「城市沿街道所建的多採長條式街屋，俗稱為『手巾寮』。街屋也稱『店屋』，通常門面的木板可拆卸，直接對外開店，並設騎樓，方便路人逛街瀏覽貨品。」早期的台灣街屋，還可依建築風格區分為閩南粵東式、巴洛克式、洋樓式和現代式四類。

流傳至今日，「街屋」一詞仍用來指稱緊鄰街道、能見度高、容易抵達且便於做生意的建物，通常會有一個做為建築表現焦點的立面。

以我行走大城小鎮的觀察，台灣街屋的建築立面樣貌十分多樣複雜，除了原本建築立面的設計之外，亦包含了後期居民所增添的各式各樣招牌看板。這些時代推進新增的多重元素，不斷堆疊拼湊出我們現今所看到的街屋樣貌。

然而，我所描繪的這一百間街屋，並不只限於傳統定義上的商店街屋，或是街道上有立面的建築，更有許多是頹圮的老屋、住家或雜亂的招牌看板。除了結合「緊臨街道」及「有主要立面作為建築表現焦點」兩個特色之外，我對「街屋」一詞做了擴大解釋。我所取景的重點，在於傳達台灣建築所表現的那種堆疊的「生活感」，以及其背後的人文意義，因此所取景的建築就不僅限於居家或店舖，還包括鐵皮構築的加蓋空間、臨街的寺廟、石頭推砌而成的儲物間等等，皆是我會取材的街屋形式。

觀看重點

雖然我所取材的街屋樣貌十分多元，但以觀看的角度可概略區分為「老屋的破舊歷史感」與「招牌的複雜多變性」兩個重點方向。

老屋的破舊歷史感

為了捕捉富有早期建築美學的建築立面，以及老舊屋舍的歷史痕跡，我所取景的街屋樣貌包括「具特殊建築紋理的老舊建築」及「頹圮的空屋或加蓋屋舍」。早期工法製作的立面裝飾，富含了匠師的溫潤手感，且老舊建築因長時間風化造成的自然剝落，會產生多樣的色彩層次，這些歲月的痕跡相當迷人。現存的一些老舊建築，將早期的美麗建築工法與現代粗糙的建築元素硬湊在一起，而我試圖在這樣衝突的元素中找到和諧的美感。老舊建築也透露出時代背景，就像在街邊傳述著自身的故事。

老建築上加蓋了現代的帆布遮雨棚、鐵架或招牌，新舊交融衝突的畫面產生一種時代反差的趣味。

至於頹圮或無人居住的空屋與加蓋屋舍，雖然在現場看來殘破不堪，但我試著讓它在創作中顯現光彩。讀者在欣賞的同時也可以試著反思，這樣的街屋背後可能蘊藏著許多社會問題。

我畫中的老舊建築，有些被加蓋了現代的帆布遮雨棚、鐵架或招牌，新舊交融衝突的畫面產生了

生鏽的鐵皮形成藍與橘色的對比色彩變化；攀爬在屋子上的植物以一抹綠色與曲線造形柔化了堅硬的建築線條。

一種時代反差的趣味；有些破屋違建在現場看來殘破醜陋，但許多元素錯落其中；生鏽的鐵皮可能形成藍與橘色的對比色彩變化；倒塌的木頭或鋼樑會形成視覺上交錯的動線，有直有豎；還有些攀爬在屋子上的植物或纏繞的電線，產生出一種線條的動態美感，一抹綠色與曲線造形柔化了剛硬的建築線條。就是這些豐富多樣的變化讓這些老舊街屋變得有故事性與美感。

招牌的複雜多變性

我的街屋另一個描繪重點在「複雜招牌的造形變化」。街景中最常見的便是忽高忽低、大小不一的招牌，每個都一副爭先恐後不肯退讓似地搶鏡出線。一般人認為這類造形及色彩強烈的畫面相當雜亂不堪，但透過速寫過程的取捨與描繪，看似複雜的物件中便出現了規律性與趣味性。

同時，因招牌上的文字及色彩十分貼近我們的生活記憶，所以一般人看到這樣的畫面，很自然會產生情感上的記憶連結。

忽高忽低、大小不一的招牌，每個都一副爭先恐後不肯退讓似地搶鏡出線。但透過取捨與描繪，複雜的招牌卻呈現出獨特的趣味感。

台灣街屋建築元素

台灣是一個島嶼，因長期接受各種外來文化的影響，形成一種包容的文化性格，這樣的多元包容特質，也呈現在不同時期的建築樣貌上。建築的外在本身就蘊藏了龐大的符號與元素體系，使得我們在觀看時，有意或無意接受到這些符號與元素所傳遞的信息。看到了熟識的建築元素，自然會產生聯繫感與共同記憶，而這些元素，也就形塑出我在這些街屋畫作中，期待傳達給大家的「台灣味」。

在此就針對我的台灣街屋記錄中常出現的幾種建築元素概述如下：

招牌

爭奇鬥豔的招牌，可說是我觀看街屋時的一大驚奇。它們色彩多變、造形誇張，有時也結合 LED 燈與電視牆等科技媒體。招牌上的內容也常在喚起台灣人產生熟悉的符號性情感連結。

鐵皮屋

在觀看街屋時會發現，台灣有許多工廠與頂樓加蓋都是鐵皮屋。站在高處一眼望去，成群的鐵皮加蓋屋似乎成為台灣的特殊風景。鐵皮屋多半使用白鐵或馬口鐵，建築成本低、工序簡單，所以接受度很廣，但缺點是易生鏽、空氣不流通。

不鏽鋼水塔

我在台灣各地漫遊時，常在一般屋舍的頂樓或一側，看到以鐵架架高的不鏽鋼水塔。這亮銀色的醒目圓桶多半突出於街屋最高處或一旁，成為站在台灣街屋的獨特風景。台灣的水塔這麼普遍，主要是用於儲水與調節水量、水壓，也因此一般多設置在頂樓平台。

騎樓

為了因應台灣多雨的環境，許多建築都設有騎樓，俗稱「亭仔腳」。許多店家還會將貨物擺放至騎樓，使店內的活動空間可以延續出來，形成住商混合的開放性空間。每個騎樓商品陳列方式隨著主人的美感及營業的項目各有千秋，形成另一種城市風景。

紅磚

走在台灣鄉間還是可以見到傳統的紅磚瓦屋，似乎紅磚已成為老屋的代表元素之一。因紅磚具備保溫、隔熱、隔音等優點，從荷治時代引進，數百年來成為台灣象徵性的重要建材。傳統的建築工法中，還發展出磚雕、磚砌等裝飾功能，讓紅磚牆面得以呈現出更多變美觀的效果。

水泥花磚

走訪台灣街屋時，常在有歷史感的建築牆面上發現這些造形各異的水泥花磚。鏤空的設計具通風透氣的效果，造形多半典雅兼具美化建築的功能。花磚的型態與功能同時融合了紅磚與鐵窗，曾取代紅磚成為流行的街屋建材，甚至在當時成為屋主展現美學涵養及財力的象徵。

鐵窗花

造形多變的鐵窗花，常是我在鄉鎮行走時的驚喜發現。這種工藝技術在 1920 年傳入台灣，以黑鐵為材料，常見於廟宇或洋樓街屋。1970 年代台灣經濟起飛，重視生活美學，鐵窗花成為工匠師傅獨到的藝術作品，成為戰後最常見且熟悉的建築符號之一。因 1990 年代不鏽鋼材料興起，現在越來越少見了。

硓𥑮石

硓𥑮石其實就是隆起的珊瑚礁石。由珊瑚礁所形成的澎湖，早期房屋多數使用硓𥑮石建造，因堆疊不易，搭建時還有「先大後小、下重上輕」的口訣。石材上細小的孔洞有隔熱與隔音效果，到日治時代中後期漸由水泥取代。

南台灣

屏東 ▶ 高雄 ▶ 台南 ▶ 嘉義

常覺得街屋很有「味道」，
那是因為，它堆疊了許多生活感；
只要仔細觀察，
似乎可以透過建築與過去的居住者對話。

01　福建路子母屋

類別
住家

座落
屏東市福建路

繪畫日期
2018.01.05

在街角的這間街屋，左側平房有老舊的屋瓦，我猜想可能是這房子最早的模樣。或許後來因為生活需求慢慢擴建，在原來房子後面用鐵皮加蓋一個空間，右側也加蓋了兩層樓的鐵皮建築，一大一小，彷彿是一種「子母屋」，殊不知體型較小的那棟才是「媽媽」。

鐵皮屋由於價格低廉，搭建快速，在台灣是普遍的建材，但實際居住在裡面，夏天像烤爐，冬天像冰箱，雨天又要聽滴滴答答的打擊樂，遇到颱風還要擔心會變成露天野營；當作儲藏室倒還適宜，但用來居住可能就不是很舒適了。

我雖不樂見城市中滿是這樣的建築，卻又常為這樣的畫面駐足。從造形來看，堆疊的違建充滿了變化的趣味。有些老屋經過修繕後煥然一新，除了剩下原建築樣式的美之外，少了堆疊的生活感。那些經過建築師設計的建築，極簡而富有造形性，但對我來說卻像個巨型雕塑品，美麗卻孤高，令人難以接近。

近年來，這樣的鐵皮違建漸漸在都更中被淘汰，也有些建築師在搭建鐵皮屋時運用巧思增加美觀，雖說這樣對城市景觀美化有幫助，但我心裡又為這屬於台灣的符號消失而感到憂傷。正是這種矛盾的心情，促使我將眼前看到的屋子記錄下來，為這段過往做個見證。

02　仁愛路柑仔店

類別	座落	繪畫日期
店舖	屏東市仁愛路	2017.08.24

這間位在街口的雜貨店，門前掛著大大的「柑仔店」招牌，直率不拐彎的名稱，有著十足南部人的瀟灑態度。門前用各色板子寫上販賣的物品，有彈珠汽水、檳榔、地瓜、洋蔥……等等。雖然這些板子看來不算精緻美觀，卻能看出早期老店家的勤儉樸實。當時應該還沒有什麼廣告設計的概念，電腦又不普及，更別說找專業設計師來設計，能這樣寫上一手海報字就很厲害了。

這間柑仔店還有一個特殊之處，就是有賣「蠶寶寶」。記得我國小時，自然課會要求做養蠶觀察記錄，每個學生都得買蠶回家養，不過我的蠶沒機會養大，就被螞蟻搬走了。柑仔店是許多人小時候的回憶，大家省吃儉用存下的一點點零用錢，在放學後與三五好友相約在此玩玩抽抽樂、買七龍珠閃卡或是一些便宜小玩具，零用錢不多的人，也可以買一元冰棒含著過癮。

那個年代的幸福似乎簡單又容易取得。現在便利商店林立，生活雖方便利許多，但過去那種質樸的快樂與人情味，似乎也漸漸淡去了。

03 青島街眷村紅門屋

類別	座落	繪畫日期
住家	屏東市青島街	2018.11.27

這間日式建築位於屏東的勝利新村。日治時代，因日軍計劃南進，於 1920 年在屏東興建第一座軍用機場，應運而生的就是周邊宿舍群。圖中房子為 1937 年所建，當時主要是供日軍陸軍飛行第八聯隊的飛行軍官居住，而在 1945 年後，由國民政府接手成為眷村。

原是日軍興建的宿舍由後續的眷戶接手，經過漫長的歲月，這個地方產生了新的生活模式與變化。例如主建築一旁加蓋「側屋」（或稱「侍屋」），作為飯廳、廚房、儲藏室或讓家屬及侍從官居住。畫面右側的側屋以塑膠浪板作遮雨棚，另因考量居住安全在原有木窗上加設鐵窗花。這些後期增加的建築元素加注在原有的日式建築上，形成了一種特殊的生活樣貌。

我常認為眷村很特別的元素是「紅門」和「大樹」。近幾年在《一把青》、《閃亮的日子》等戲劇影響下，又勾起大家對眷村的回憶與興趣，甚至掀起一陣眷村彩繪風。許多眷村以早期生活為題，在牆面上畫了許多大幅彩繪作品，希望可以吸引遊客來訪。然而，彩繪固然吸引人，但若是拋棄建築與文化本身獨有的特殊性，只創造了表面的絢爛，那就讓人感覺有些捨本逐末了。

04 公勇路轉角街屋

類別
住家

座落
屏東市公勇路

繪畫日期
2017.09.03

公勇路位於屏東車站的後站。我在屏東生活三十餘年,從來沒從後站出入過,直至前幾年屏東車站改建期間前站封閉,讓我這習慣走前站的屏東人,開始試著從後站出入,也因此才注意到公勇路上這棟街屋。

當主要的進出口移轉到後站時,當初前站周邊應運而生的商家例如寄車行、早餐店以及固定排班的計程車業者,這時通通都擠進了原本不大的公勇路上。周邊設施開始無法負荷,有些老房子被改建成收費停車場,或因道路拓寬部分民宅被迫拆除,拆除的過程中還曾引發了衝突。

這間街屋在公勇路上某個街角,獨特造形在此彷彿做了一個華麗轉身,窗邊的鐵皮雨遮向四面八方伸展,讓我聯想到動畫《霍爾的移動城堡》。斑駁的牆面上有大小高低的鐵窗柵,或突出的冷氣,甚至還有可供攀爬至頂樓的鋁梯。這些附加物都是台灣街屋的產物,除了帶有居住環境的特色,同時也顯現出國人普遍不重視建築藝術的情況。

我在自己的家鄉屏東街頭畫畫,時常抱著「追趕」的心情,因為拆除的速度太快,想要全部記錄卻力有未逮。屏東這幾年有相當大的改變,許多老舊眷村、警察宿舍、陸橋等建物,常常在我畫過後不久就被拆除。城市因應建設必然也會遇到破壞,對此我不想多做評斷,但如果我們面對這些老舊建築時能多一點溫柔,也許很多事情會變得不一樣。

05 公勇路水塔街屋

類別
住家

座落
屏東市公勇路

繪畫日期
2017.08.30

這棟平房位於公勇路上，特別之處在於房屋地基矮於路面。或許是早期房子蓋好之後，後期整修道路才把路面墊高，造成這種落差，讓房子比路面整整矮一截。也因如此，站在路面上的我視平線相對較高，才可以清楚看到屋頂上的樣貌。

這間房子的屋頂以塑膠浪板鋪設，其中還有幾塊破損後的補丁。屋簷的前緣是不同材質的鐵皮，因年代久遠布滿了紅褐色鐵鏽。房屋本體是以磚塊砌成，右側有一條從房子內突出的鋼筋，不知為何會有這種狀況，也許這棟房子在搭建時原本計劃蓋成兩層樓的建築，卻不知何種原因決定改成一樓平房也說不一定。或許是因為這樣才留下了原本的鋼筋，並成為搭設電線的支柱。

左側醒目的水塔是整棟房子最吸睛的焦點。房屋會裝設水塔主要是為了儲存用水及解決水壓不足的問題，所以水塔通常架設在較高的位置以提高水壓。這個水塔旁有許多支撐的架子和可供檢修攀爬的梯子，在視覺上與右側的鋼筋形成一高一低的構圖變化。

水塔在台灣是相當常見的建築元素，往往我們登高一看，一望無際的樓房呈現在眼前時，也無法不看到那幾乎家家戶戶頂樓都有的不鏽鋼製銀色水塔。或許是因為早已習慣它的存在，竟也不覺得突兀或想試圖遮掩了。

水塔是台灣常見的建築
元素之一。

06 公勇路黃色街屋

類別
空屋

座落
屏東市公勇路

繪畫日期
2017.09.04

台灣由於地狹人稠,在狹窄的土地上,有限的空間形成各棟建築比肩而立的形式。這棟位在屏東後站出口附近的街屋,就被兩旁較高的房子夾在中間,形成了強烈的新舊對比。也令人好奇為何唯獨這間屋子無人搭理。

房子黃色的牆面上有許多流下的水漬與鏽斑,我花了許多時間在刻畫處理這區塊的色彩層次。紅色屋瓦有部分已破損,上面還長出植物。

一樓較特別之處是入口的拉門,古早的造形加上鏽蝕,看得出來已經棄置了一段時間。門前的小樹和單車,正好適度遮住鐵窗繁亂重複的線條。雖然周邊的房子多已換了新面貌,這間房子卻仍保留了早期的模樣,將屏東的城市紋理凍結在那個時刻,也讓我們得以有機會觀賞並揣想著當年的街屋風情。

牆面上水漬與鏽斑的色彩層次,讓我花了許多時間描繪處理。

07　俏護士的店

類別
店舖

座落
屏東市復興路

繪畫日期
2017.08.11

屏東復興路上有一間「俏護士的店」，這個店名我相信應該吸引了無數年輕男子的短暫目光停留（包括我在內）。

招牌的「の」字選用了日文，這也是台灣常見的狀況，彷彿加上「の」字就有了日系的光環。二樓以淡綠色鐵皮加蓋，窗戶加設不鏽鋼鐵窗，外觀沒有太多華麗裝飾。令人容易會錯意的名稱就已經夠吸睛了，等看到一樓兩側柱子上標示了「護士服、護士鞋、彈性襪」等品項才恍然大悟，原來這是一間專賣護理人員制服及用具的專賣店。

屏東市早期有和平、復興兩座橫跨鐵路平交道的陸橋，後因鐵路高架化讓這兩座陸橋分別在 2013 年的 7 月與 11 月拆除，而俏護士的店就位在復興陸橋旁，過去因陸橋遮掩不易被發現，陸橋拆除後才讓兩旁店家重見天日。

貓洞、陸橋、平交道，對過去的屏東人來說充滿了生活況味。像是騎單車喘吁吁上陸橋，但騎到陸橋頂端可以眺望遠方鐵道與夕陽，反倒有種辛勤後獲得獎勵的欣慰感，接著再快速溜下陸橋，享受風打在臉上的速度感。還有等待平交道時，看著護欄緩緩降下，火車從眼前呼嘯而過，伴隨鐵軌規律的喀隆聲與信號叮噹聲。另外就是騎機車經過夜市旁的「貓洞」底下，都會不自覺地低頭。這一切交通特有風景，都隨著鐵路高架化的工程全數拆除，最終也只能深埋在屏東人的記憶中了。

08 良興餅店

類別
店舖

座落
屏東市民族路

繪畫日期
2017.08.12

這間餅店位於屏東市民族路與柳州街的交叉口，主要是販售罐頭塔與壽桃塔之類的商品。整棟建築有著淡綠色的立面，二、三樓的陽台外框以幾個圓角大矩形作樓層裝飾，頂樓則加蓋了白色鐵皮。

整棟街屋壁面以磁磚材質為主，這是台灣許多建築常見的形式。這主要是與台灣相對比較潮溼多雨的氣候，以及空氣汙染嚴重有關，選用磁磚材質較不易沾染灰塵，能避免牆面顯髒。店名的招牌底色主要分為白黃兩色，搭配紅色「良興餅店」的店名，以及招牌兩側藍色字樣的「罐頭塔、壽桃塔」品名，形成很醒目的色彩裝飾。一樓的橘色遮雨棚正好與招牌的顏色做了呼應。

這間餅店的店名「良興」兩字，如果拆開來解讀，可以讓人直接聯想到「善良、興盛」等正向且吉祥的語意，而兩字合起來唸則是與「良心」諧音的雙關語。類似這樣的例子在各地街頭比比皆是。

招牌上的店名取名方式形形色色，但都源於我們的文化與生活背景。當我們走在街上，看著各式各樣的招牌，也不妨思考一下店主在取名時試圖傳達的訊息。

09　胡老爹麵攤

類別
小吃攤

座落
屏東市北平路

繪畫日期
2017.08.19

在台灣常可以看到這樣的畫面：某個攤子倚靠著一棵大樹，用鐵皮搭出臨時的遮蔽處，接著慢慢聚集了越來越多攤子。位在屏東市北平路上這區以鐵皮搭建出的小吃攤區就是一例。

這個樹下的遮蔽空間容納許多攤商，大大小小寫著「素食」的紅色招牌讓畫面多了造形變化，招牌的紅色也與大樹的綠色形成對比，十分吸睛，因此吸引我在 2017 年 8 月用畫筆記錄下這畫面。這些大樹下的攤位中，最有名的是經營了逾五十年的「胡老爹麵店」。熟悉的外省口味，清爽的麻醬湯麵吸引了不少顧客。然而在 2018 年 2 月，這區逃不過都更的命運，被夷平為停車場，於是這個畫面從此消失，許多攤商也遷移他處，另起爐灶。

換個角度想，我筆下留存的這個畫面，卻讓我看到早期台灣人對樹的重視。有樹的地方讓人有安全感，樹下的遮陰處自然地將人們匯聚在一起，所以我們常看到大樹下放上著幾張椅子供附近老人休憩聊天。年代久遠的樹甚至會被視為有神靈，圍上紅布成為大樹公供人祭拜。民宅旁如果有棵樹，除了能擋風遮雨，從美的角度來看，樹的曲線造形和風吹的擺動，還可以讓銳利的建築線條增加柔軟與若隱若現的美感。

現在的居住空間較小，不再像過去有機會能依附大樹，種樹成了只要景觀設計需要，花錢就可以速成的事。但如果少了與樹相處的經驗，就無法體會看著樹慢慢成長的喜悅，也很難感受到不同季節中樹的不同樣貌，自然就不會懂得珍惜這都市中難得能與自然連結的生命。

10 建華一街口小吃攤

類別
小吃攤

座落
屏東市建華一街

繪畫日期
2017.08.21

這間用鐵皮搭建的店家,是我每天前往工作室的必經之路。除了一旁有一塊供房仲張貼傳單的看板之外,也充分利用屋頂的空間搭設看板,供廣告租用。而這間僅僅一層樓的鐵皮屋,屋頂看板卻硬生生多出一層樓的高度,令人看了捏一把冷汗。

過去我們很常看到各式的傳單張貼在接近有紅綠燈號誌的街口,因為較有機會吸引到等紅燈的過路人目光。只要可供張貼之處如電線桿、變電箱,幾乎無一倖免。有些重複貼了好幾層,或留下千瘡百孔的雙面泡綿膠痕跡,這樣的畫面也算台灣的特殊景色之一。

傳單上的文字也是充滿了學問,如何在沒有華麗特效或圖案的輔佐下,用最單純的文字編排與聳動的標題來吸引路人,這需要許多巧思,也是我常喜歡觀察傳單的原因之一。近年在政府的大力取締下,這樣的畫面似乎少了許多,傳單往往會選擇合宜的場所張貼,雖然少了一種百家爭鳴的熱鬧,但對於街景的美觀也是好事一樁。

11

大眾超商

類別
店舖

座落
屏東市博愛路

繪畫日期
2017.08.22

這天下午騎車經過博愛路一帶，瞥見這間超商。它在夕陽照射下，產生傾斜的影子，讓整棟建築更有立體感，陽光也同時凸顯了老舊的色澤變化，讓紅色的層次豐富許多，使得這以往不太醒目的建築突然增添許多生氣。騎樓下有許多黃色的夾娃娃機台，讓來超商購物的民眾利用手邊零錢，享受一下生活中的小確幸。

建築的整體主要為淡紅色，三樓加蓋了白色鐵皮，二樓則用紅色磁磚做了裝飾的飾帶。也許是考慮到色系的搭配，超商招牌選用洋紅作底，一樓的遮雨棚雖已破舊到只剩鐵架，但陽光卻讓鐵架的影子妝點了建築。

我們生活中是否也有過類似情境？對於身邊早已熟悉的事物往往不多留意，也從未仔細觀察，但也許就在某一個時刻、某一道光線、某一個角度的驚鴻一瞥，讓我們有了一瞬間的內心悸動。

當我穿梭在大街小巷時，常遇到在地人問我：「這個又不好看，你畫這個做什麼？」我總是笑著回說：「不會呀，我覺得很有趣。」我常有一種感觸，當我們到了國外或外地，總是拿著相機到處拍照，彷彿處處充滿新奇，但是回到自己家鄉，卻從未認真觀看這些細節。於是，我開始試著用探索外地的心情來觀察我的家鄉屏東，才發現我們一直以為熟悉的城市，其實有著我從未注意到的角落。同樣的物件，在歲月的侵蝕或光影的變化下，會產生不同風情，端看我們怎麼去感受。

12 十字路口名人泳裝

類別
店舖

座落
屏東市中華路
與勝利路口

繪畫日期
2017.11.22

屏東縣立游泳池建於 1933 年的日治時代，是屏東市最早設立的公共游泳池，也是當時屏東市唯一的戲水場地。直至 1980 年，屏東市才有了第二座游泳池。我通常都稱舊的是「屏東游泳池」，新的叫「中正游泳池」。

屏東人對於游泳池的共同回憶，無非是在泳池門口那間僅用鐵皮與帆布搭建的黑輪攤。當我們游完泳走出泳池，早已餓得前胸貼後背，擦乾的頭髮還夾雜著濃濃的氯水味，這時來上一份招牌旗魚黑輪、棒棒腿、龍鳳腿，配上一碗熱湯或一杯古早味冰涼冬瓜茶，真是十足的享受。然而，在 2017 年 2 月，政府在多方考量下拆除了屏東游泳池，上述的經驗就成為只供回味的往事了。

圖中這間位在游泳池外十字路口的泳裝店，歷經了游泳池與一旁崇仁新村通海區南側區塊的拆除過程，彷彿在這個崗位上見證了屏東的歷史。櫥窗內擺放了幾個穿泳裝的模特兒，格子狀裝飾的大門卻讓我想到早期咖啡店的裝潢。店面整體色調選用了符合泳池的藍色與白色，不過招牌上的字早已模糊不清了。

讓人感覺微妙的是，這間過去因游泳池而存在的泳裝店，在泳池拆除後依然繼續營業著，或許也是努力在延續著在地人對泳池的記憶吧。

13 林森路小北百貨

類別
店舖

座落
屏東市林森路

繪畫日期
2017.11.21

印象中以前要買家用五金，只能到住家附近的小型五金行，但不知從何時開始，24 小時的五金百貨如雨後春筍般佔據了城市，密度越來越高。

這間小北百貨位於屏東的林森路上，入口在街角的三角窗，招牌以鮮黃色作底色，搭配藍色的字及紅色商標，強烈的對比色彩就像商場常見的廣告單，除了吸睛之外，也令人聯想到商品種類繁多的意象。

騎樓上掛滿的布條及特價促銷，雖然看似凌亂，卻有一種市場的熱鬧氣氛。店內賣的商品五花八門，食衣住行相關物品通包。或許這樣的便利商店代表一種慾望的縮影，讓這小小的空間能滿足你的所有需求。

這樣 24 小時營業的商店除了便利之外，對於晚歸的旅人也是一個有安全感的存在。感謝這些店家與值班店員辛苦地付出，讓我們能有這樣便利的消費環境。或許就是太習慣到處都有這種不打烊的商店，被「寵壞」的我們往往一到國外，就有種晚上不知該何去何從的茫然感。

台灣這種 24 小時營業的商店，大大增加了便利的消費環境。

14　小堤咖啡

類別
店舖

座落
高雄市鹽埕街

繪畫日期
2017.09.14

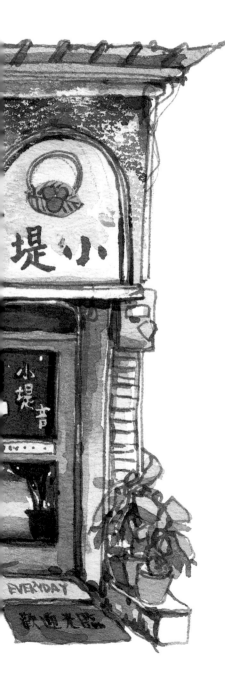

這天與友人漫步在鹽埕區，這裡是高雄早期的政經中心，日治時代工商繁榮，被視為台灣的銀座，周邊興起許多當時流行的物事。日本人離開、美軍進駐後，出現了許多西式酒吧。直至現在，這一帶仍遺留不少過去的痕跡，酒吧裡可見到櫃檯小姐操著流利英語與外國客人閒聊的景象。

鹽埕區的「小堤咖啡」，堪稱高雄現役最老的咖啡店。不同於一般店家，它靜靜隱身巷弄中，沒有特意去找還很難找到，但這樣的位置反而能篩選出屬於它的客群。小堤咖啡的建築外表簡樸高雅，門上半弧形的招牌，由右而左寫上「小堤」兩字。藍綠色門窗上有朱紅色裝飾，窗前放了一組桌椅，門前地板則放置寫了「歡迎光臨」的踏墊，窗邊捲起的窗簾讓我想起了早期的西餐廳。

走進咖啡店，會有種走進時光隧道的錯覺，店內的擺設以及聞到的氣味，都像是停格在過去般；濃濃的日式裝潢，讓人誤以為自己身在日本。店主二姐送上一杯冰開水和冰過的溼毛巾，這樣優雅的服務似乎也成了小堤的特色之一。二姐問我吃過早餐沒，便弄了一份點心讓我喝咖啡前墊墊胃。端上來的點心是一個荷包蛋及一片火腿，淋上一點醬油，簡單的菜色卻讓我很感動。看二姐專注地用賽風壺與酒精燈煮著咖啡，每個動作按部就班；在小堤，我感受到的是純粹與堅持。

15 旗山洪家繡樓

類別
空屋

座落
高雄市旗山區
中山路

繪畫日期
2017.09.21

這棟在旗山車站前的老屋，早期為「洪家繡樓」，後曾改為「振發旅社」，是結合閩南與英式磚砌風格的建築。

二樓為木造材質，與一旁巴洛克式建築不同，左側紅磚牆透出一些歷史的色澤；二樓右側以木頭搭建，褪色的綠色油漆有著多層次色彩。幾個白色招牌上面寫著「綠洲」兩字，是台灣早期就廣為人知的飲料品牌。騎樓下有著拱形迴廊，為了安全起見加設的木製圍欄也巧妙做成波浪造形，有阻擋功能也兼具美觀。

旗山老街一直是令我相當感動的地方，這裡有仿歐洲巴洛克風格的洋樓、土埆厝、閩式三合院及四合院房舍、石拱迴廊街屋等特殊建築樣貌，而且在地民眾對於保存當地文化及推展觀光的共識更讓我吃驚。

2010 年，旗山的「尊懷文教基金會」青年志工發起「搖旗吶喊搖滾音樂季」，他們認為搖滾的意涵在於社區參與，因此規畫了一連串包含音樂表演、寫生比賽、吶喊市集，以及許多結合在地農業特色的活動。相關的宣傳影片還邀請在地的老公阿嬤一同演出，這需要花多大的努力與溝通才能達到這樣社區共識。

對我來說，一個地區發展觀光最有力的因素是在地文化，而不是裝置藝術或讓人拍照打卡的點。如果大家可以學習旗山的作法，凸顯地方價值，相信會讓遊客更深刻感受到在地的溫度。

16 約翰照相館

類別
店舖

座落
高雄市旗山區
中山路

繪畫日期
2017.09.22

走在旗山老街上，瞥見這間老舊的照相館。店面雖經過重新「拉皮」，有較新穎的外觀，但色彩樸實，沒有誇張的裝飾。磚紅色屋瓦前方加裝了鐵皮的雨遮，淡藍色櫥窗裡放著一張張黑白的老照片。空白的牆面則充當了廣告的告示板，由右到左寫上了店名「約翰照相舘」。

創立者張約翰早期是人像畫家，1932 年從台北五股來到旗山發展，因受了一間日本照相館的影響，從此愛上攝影，於是在 1938 年創立了約翰照相館。會取名「約翰」則是因為張約翰的姑姑是馬偕博士的妻子，家族深受基督教影響，皆以聖經中的人物為名。

圖中敞開的大門上其實還貼了一幅對聯：「約請淑女攝玉照，翰院才子影真相。」呼應著門上的橫批：「儼然廬山真面目。」這是旗山農工曾旦春老師專門為照相館寫的。雖然現在上門拍照的顧客越來越少，但照相館仍持續見證著旗山的繁華歲月。

記得早期數位相機尚未普遍的時候，底片彌足珍貴，每一次按下快門都要斟酌再三。近年數位相機普及後，拍照的門檻似乎降低許多，使用者可以經由電腦特效輕易拍出看似頗有水準的相片，加上沒有底片數量的限制，更不須擔心失敗的問題，按下快門的次數倍增，過去那種對相片很珍惜的感覺就漸漸消失了。但比起電腦裡的影像檔，我仍喜歡能將相片拿在手中的實在感。我想，也許該找個機會來約翰照相館拍張照片留念吧。

17

旗山老街咖啡

類別
店舖

座落
高雄市旗山區
復新街

繪畫日期
2017.09.23

旗山老街建築的一大特色是「石拱圈亭仔腳」(騎樓)。這條老街是全台灣唯一的石拱迴廊街屋群,石拱圈以三十一塊砂頁岩砌石組成,砂岩石材取自鼓山、旗尾山,中央較大的拱心石串接整個拱圈。亭仔腳的設立符合台灣多雨日照的氣候,有遮蔽性的沿街步道也活絡了在地的商業活動。步道內有不同的營業項目、招牌樣式、商品陳列裝潢,人們在其中行走或與其產生商業行為,成為群眾與建築物之間的聯繫,形成一種特別的城市風景。

據說這間老街咖啡早期曾經是西裝店,街屋二樓屋頂是採日本樣式的水泥瓦,而一樓屋頂則用了紅瓦。亭仔腳掛著一片遮陽的竹簾,一旁的綠色植物與磚紅色屋瓦形成色彩對比,左邊的告示牌則產生造形上的趣味。

去過幾次旗山,常遇到烈日高照的天氣,也難怪店家會加裝竹簾遮陽。我喜歡點一杯咖啡坐在店裡畫畫,一邊畫著店外的景色,一邊看著往來的人群,享受這種融入當地的閒適氛圍。

18 大樹下麵攤

類別
小吃攤

座落
高雄市大寮區
鳳屏二路

繪畫日期
2017.11.13

從小在屏東長大，屏東與高雄的生活依附關係相當緊密。雖然屏東「麻雀雖小，五臟俱全」，該有的娛樂設施或逛街場所應有盡有，但如果想追求更多樣性的娛樂活動就會選擇奔向高雄，所以搭區間車或騎機車到高雄，對屏東人來說是家常便飯。

這間麵店位在從高雄往屏東方向的鳳屏二路右側，我騎車經過了無數次。這天路口號誌正好亮起紅燈，我藉機快速拍下這一景。當時心想，生活中種種事物本來就充滿不確定性，我永遠不知道下一個轉角會遇見什麼，看見的當下若能捕捉到畫面真是有幸，若無法也不需強求，這也是這些街屋畫作最後會被呈現出來的可貴之處。

這間麵店倚著電線桿及一棵大樹，店家用鐵架及木板搭出遮蔽空間就開始做起生意，樹冠與攤子彷彿融為一體；樹的造形為簡陋的麵攤增添了一些曲線美感，已經看不出是先有樹還是先有攤子。

小吃攤內有兩塊價目表，上面用紅藍配色醒目寫著販售的品項。但最令我感興趣的是攤位前那塊白底紅字手寫板子，老闆依自己的喜好與美感大筆一揮，才不管是否方便閱讀。我端詳許久才看出端倪，原來寫的是「炒米粉、豬血湯麵 35（元）」，千萬別看成「豬炒血米湯麵粉」了。

19 成功一路資源回收站

類別
住家

座落
高雄市成功一路

繪畫日期
2017.10.18

在城市中漫遊時我喜歡觀察資源回收場，最主要的原因是回收場裡堆滿了生活用具，有非常強烈的生活感。這些老舊回收物很容易讓人遙想它過去的使用情形與使用者的模樣？再加上現場多樣的物件元素，也讓藝術家很方便做出豐富多變的畫面表現。

附近大馬路上高樓林立，巷子裡卻有這樣的回收站，形成了有趣的對比。二樓的扇形紅色欄杆在此呈現出造形變化，藍綠色遮光罩則已扭曲變形，與兩片像翅膀般垂下的帆布有相呼應的色彩。

一樓雜物已經多到讓人無法行走，卻還是有條不紊地由大至小堆疊，並以帆布蓋上綑綁好，從這點似乎能感覺到主人對工作的自我要求，以及不影響周邊住戶的貼心。

畫面中正好捕捉到將紙箱放進機車後座籃子的人。通常在畫面裡加上人物有兩個好處，一是讓畫面增添故事感，再者是人物可以充當比例尺，用來比較物件的大小關係，就像古人畫山總喜歡點上幾個人與馬，除了讓觀者彷彿隨畫中人出遊之外，也用人的「小」來凸顯山的「大」，藉此讓畫面更為生動可親。

20

炎光藥行

類別
店舖

座落
台南市中西區
西門路

繪畫日期
2017.10.24

約 1930 年代，台灣的建築普遍使用鋼筋混凝土的建材，平直的線條取代了之前磚砌的圓拱，建築式樣也變得簡潔，常使用幾何線條。台南有許多類似的建築，建築立面不以繁複的浮雕來裝飾，而是以較簡潔的幾何造形做出對稱或變化的排列組合。

這間藥行的建築上方有一條花紋浮雕的飾帶，招牌「炎光藥行」四字上方有四面窗戶，其中一個窗戶因裝設冷氣封了起來。窗戶上方還設置了三面八角窗，右側則有一個十分典雅的陽台，裝飾性的半圓形水泥欄杆，讓立面整體有個突出的焦點，再搭配上深紅與米白相間的帆布雨棚，讓我聯想到遊樂園的配色。

二樓的小陽台上放著燒金紙的金爐，讓我想到台灣許多人會將神明廳設置家中，也許陽台緊閉的鐵門內部就是神明廳，這樣將金爐放在戶外陽台就顯得極為合理。雖然陽台設計與藥行的調性不同，但這樣混搭的風格似乎也成為一種台灣特殊的街頭風景。

21

神佛壇小廟

類別
宮廟

座落
台南市
民族路三段

繪畫日期
2017.11.01

台南市神農街底有間高聳壯麗的「藥王廟」，是大家常會拍照取景參拜之處，每每遊客走到此處拍完照便往回走。然而，在轉角幾公尺處，有間小廟吸引了我的目光。

這間小廟上方加蓋了鐵皮，上頭寫著「神佛壇」三個大字，兩旁則有「卍」字燈管。廟門上彩繪的門神是文臣，手上捧著冠、鹿、酒器，有「加冠進祿、富貴晉爵」之意，多用於左右門，與常見的武將不同。門神通常繪於前殿門板上用以趨吉避凶，不同的寺廟搭配不同門神，而門神彩繪也常是展現傳統匠師技藝之處。

廟門前掛了三個燈籠，中間的寫著「天燈」兩字，兩側寫了「五府千歲」，如果不清楚廟裡祭祀什麼神祇，看燈籠就知道了。從造形上來看，這間廟主要是對稱的造形，上方招牌是三個正方形，中間燈籠是三個橢圓形，而下方大門則是三個長方形，各自相互對稱。這樣的對稱關係在畫面中形成一種和諧安定感，又因為各自大小不同，讓其中蘊藏著變化。

原本雜亂無章的街景，包含堆疊的招牌與顏色不一的元件，但經過藝術家重新解構再組合後，透過主觀的構圖與畫面經營，便可以從混亂的畫面中找出和諧性，達到「從變化中求和諧，從穩定中變化」的要求。這也是為什麼人們對藝術家能夠將凌亂街景化腐朽為神奇感到驚歎的原因了。

22 忠孝街鐵皮紅磚屋

類別
住家

座落
台南市忠孝街

繪畫日期
2017.10.25

2014 年，我造訪台南市，在小巷中漫遊。行經忠孝街時，被眼前一棟老屋的造形震懾住。這間老屋的外觀同時存在了許多建築元素，有鐵皮、紅磚、鐵網、植物、小廟、機車與罕見的圓形水塔，看似互不相關，堆疊之後卻又產生出特殊的協調感。

這棟建築與兩旁的屋子大異其趣，顯得特立獨行，多重元素的組合彷彿有種達達派（Dadaism）的拼貼趣味，吸引了我畫下了速寫線稿。我將畫面只著重在老屋主體，而當時的速寫線稿也為本系列創作發想做了伏筆。

在之後幾年也有許多機會經過此處，每次看到還是會感到驚豔。很想問問屋主有關這間房子的由來，可惜屋主碰巧都不在，只看到門口貼著兩張手寫春聯，寫著「有狗探吉」、「十犬十美」。這種帶有吉祥諧音的雙關語也常出現在許多建築語彙與招牌中，成為街景特色之一。

許多藝術同好也曾以畫筆記錄下這間房子，看來英雄所見略同，但這也讓我反思，這樣看似十分凌亂的畫面，就一般人對「美」的觀感要求來說可能不及格，但是為何我們在城市漫遊時，反而會因此而駐足呢？我們會對一般人認為「醜」的建築感到有趣與醉心，背後的原因或許更值得我們深究與探尋吧。

23 新美街木板平房

類別	座落	繪畫日期
住家	台南市新美街	2017.10.25

藝術的題材源自於生活，這是我創作始終抱持的初衷。開始接觸城市速寫的創作方式後，我嘗試在巷弄中遊走，行走方式有別於以往騎機車的速度，因此能觀看到更多鮮少注意到的破屋。

這些破屋往往是沒有人願意畫的，因為不被歸類在我們刻板印象中的「美」。有些繪畫題材追求的是個人精神層面，而我的作品則是要記錄身邊的點滴，既然這樣的畫面本來就充斥在我們周邊，為何不畫呢？

這間街屋的景象中，堆疊了許多元素，大大小小的木板與鐵皮拼湊成一個可避風遮雨的遮蔽所。從構圖上看，畫面左側木板是一個較「放鬆」的空間，正好襯托出右側堆滿雜物的「繁複」，也讓正在修繕的老人形成一個視覺焦點。這看似用木板隨意搭建出的平房，上面還有門牌，屋內牌子上寫著：「有事向西（新美街）左轉第三街紅茶店詢問。」聽說這位老先生是這條街的電器之神，能夠修復古董電扇之類的家電，是位讓人驚嘆與敬佩的職人。

這樣的情景也令人反思，當一個城市急速成長時，即便經濟更加發達，卻不乏這樣被社會遺忘的房子正隱藏在巷弄一角，彷彿被凝結在某個時空裡。

24 神農街綠色老屋

類別
住家

座落
台南市神農街

繪畫日期
2017.10.30

這間屋子位在神農街後巷,屋主所種植的植物幾乎包圍了整棟房子。植物的造形柔化了房屋銳利的線條。一樓停放的汽車,生鏽的引擎蓋似乎回應了房子與車子的年齡。

騎樓的屋簷上掛滿了一張張折疊椅,令人感到匪夷所思,而二樓的白色欄杆似乎在試圖為這凌亂的畫面畫下一些規範的方格。屋主個人的審美觀或生活需求,往往會讓房子產生獨特性與生活感,並引發許多聯想,這也是我深愛觀察街屋的原因之一。

台南的神農街是我十分喜愛的一條街道。幾年前,神農街發展為台南重要的觀光景點,許多有文藝氣息的店家進駐,為這條老街注入了新生命,讓我在探訪老記憶的同時,也看到新一代重新詮釋與運用老屋的方式。

但我最近造訪時發現,近年急速拓展的夾娃娃機與福袋販賣機商店,竟也蠶食了這條頗有古意的街道。我不願全盤否定這樣的消費方式,但這條街道有屬於自己獨特的調性,也是令人神往願意一來再來的原因,如果進駐的店家可以在外觀設計、販賣品項方面多配合一下老街想傳達的整體概念,或許會更加協調或較完美些吧。

25 猴標六神丹

類別
店舖

座落
台南市
西門圓環

繪畫日期
2017.11.01

這個位於台南西門圓環的巨大看板,不同於現在用帆布印刷的廣告文宣,而是如同裝置藝術般用許多建材堆砌拼貼而成,比起印刷的看板又多了點厚重質感。簡單的紅藍黃三色,沒有複雜的圖樣或是人物照片,只有一大片醒目的黃,讓人經過不多看一眼也難。

「猴標六神丹」是在 1948 年由「太和堂製藥股份有限公司」首創,也是早期台灣人必備的胃腸良藥。小時候每當身體微差時,長輩總是可以變出許多妙方給我們服用,印象中有喝過「三支雨傘標友露安」(感冒糖漿),也吃過嗆鼻的「正露丸」、「張國周強胃散」、「龍角散」之類成藥,甚至還喝過符水。正露丸的中藥味很重,要一口氣仰頭吞下,否則嗆鼻的藥丸融在口中會有些辣口。我倒是很愛吃「表飛鳴」和魚肝油,因為味道甜甜的像糖果,不過對於猴標六神丹卻沒什麼印象。

長大後,當然不再吃這些成藥,對它的功效也抱持著懷疑的態度,但是在醫院拿的藥和阿嬤的獨門祕方相比,總覺得少了些貼心的情感。

這塊看板不知道什麼時候就存在了,聽說早期樓下店家是「金絲猴檳榔」,店面幾經更迭,圓環的街景也有所變化,不變的是這塊鮮黃色的大招牌,仍佇立在他的崗位上,守護著台南人。

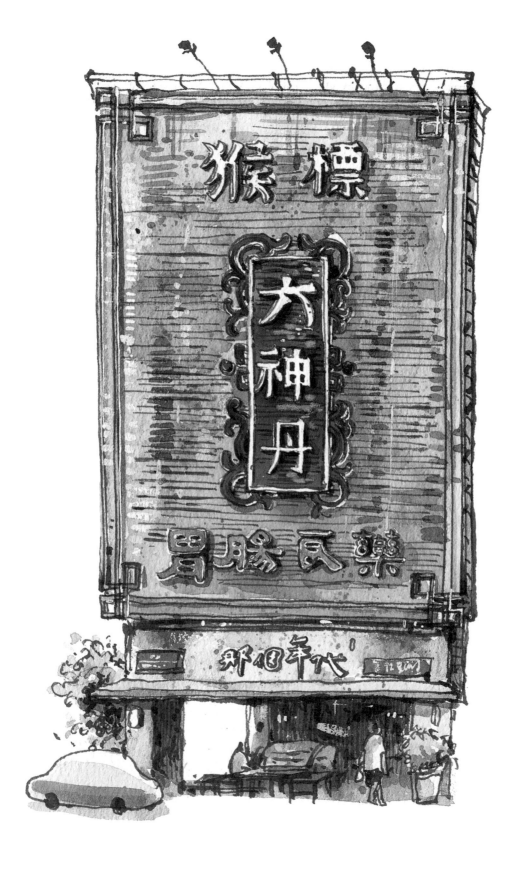

26 全安牙科診所

類別
店舖

座落
台南市西門路

繪畫日期
2017.08.12

我作畫時特別喜歡晴天，在晴朗的陽光下能明確掌握光源，物體的色彩也會顯得豐富美麗。另外還有一個重點就是「影子」，影子在畫面中除了能暗示物體間的空間關係，還有裝飾的作用；多變的影子在單調的牆面映出剪影，隨著時間與天氣不同，會有不同的變化。

這天我經過西門路上這間「全安牙科」，最先吸引我的是對比強烈的光影。影子在建築立面上多了一條條銳利的斜線，讓立面更添風采。

招牌上的「全安」兩字有著歲月的痕跡，有些拙趣和溫度；左側招牌字由右至左排列，但右側的「台灣彩券」卻是由左至右，若不是透過立柱上的招牌得知，我還真以為左邊寫的是「牙科安全」呢。

這棟建築的三樓有著橫向長方形的鐵欄杆，二樓則是較為簡潔的直線造形，點綴出一種低調含蓄的美感。二樓掛著兩個燈籠，屋內可能是神明廳，也可看出台灣的宗教與生活有密不可分的關係，就像許多小廟總隱身在民居裡。有趣的是，一樓的牙科診所關乎了人們的生理健康，彩券反映出人的慾望，而二樓的神明廳卻是人們的精神寄託。一個街屋立面，竟蘊藏了整個人生呀。

二樓和三樓的鐵欄杆造形不同，但風格都屬簡約低調。

27 永泰興蜜餞

類別
店舖

座落
台南市安平區
延平街

繪畫日期
2017.08.22

位於安平古堡旁的「安平老街」有著「開台第一街」的稱號，或稱「延平老街」，這裡的其中一項名產是蜜餞。當我在取景時，並不知道這間永泰興蜜餞行遠近馳名，只是純粹被它的外觀吸引。

畫面中可以看到老屋的本體有著老舊的屋瓦，兩旁已長出植物，內部則保留了手寫店名的老舊鐵捲門，而二樓可以看到後期加蓋的招牌及延伸出去的鐵皮遮雨棚。頂樓加裝了紅色欄杆，再增加一些可利用的生活空間。對於頂樓想必很多人都有各種浪漫幻想，想像也許稍作布置，便可以聚會、烤肉、賞星空，雖然現實未必如此，但在觀察老屋的同時，能有這樣的想像也是一種樂趣。

以徒步的方式去觀察城市的紋理常會發現，現今城市發展越快，交通運輸越便捷，群眾身體的活動力與對環境的感受度反倒越被削弱。大部分人走在路上都看著手機，與他人相處冷漠，產生都會區特有的疏離感。仔細想想，我們在旅行的過程中有多少機會能與路人交談、問路，甚至搭便車？

放慢速度可以讓我們與環境重新產生連結，由於敏感度提高，便能發現許多城市角落的趣味。像是老舊建築的歷史痕跡、廢棄老屋、錯落的木板與鐵皮，都能交織出美麗的畫面，就連最引人詬病的招牌，或許都能從配色與形狀層次上，漫生出特殊的美感。

28 双燕美容院

類別
店舖

座落
台南市中西區
衛民街

繪畫日期
2018.10.31

這間在巷弄中的美容院,有著醒目的白底紅字招牌。左側有個旋轉燈筒,是理髮店的象徵。頂樓是鐵皮加蓋的空間,前方用紅色欄杆確保安全。通常這樣的開放空間會用來堆放雜物,有些人家僅加裝遮蔽的屋頂,並沒有四周的牆壁,因此能從自家的頂樓跨到隔壁去。我記得小時候也很喜歡在頂樓亂竄,有種探險的樂趣。

這個建築立面最有趣的地方是騎樓,窗戶特別裝潢成兩個相連的橢圓形,可以從外一窺內部工作情形;大門的上緣則做成圓拱形,整面牆面以紅白條紋作裝飾,這配色讓人感到一股糖果的甜蜜感。

看到老舊的美容院,總會讓我想起痱子粉、洗髮精、香水味,還有筒狀的燙髮罩。圍著白色理髮圍布的大人像個晴天娃娃被罩住,還只能乖乖坐著不能移動。現在的理髮店大多讓顧客躺著洗頭,早期還有讓顧客在水槽邊低頭清洗的方式,有些服務周到的老闆會來點簡單的肩頸按摩服務。

這樣的服務經驗我們似乎已經漸漸淡忘,還保存下來的老店也漸漸凋零。雖然我們長大後都已經有足夠的經濟能力到更昂貴的髮廊消費,但回憶中的痱子粉香味也只能留在文章中懷念了。

29 橋南老街磚木屋

類別
空屋

座落
台南市鹽水區
橋南街

繪畫日期
2017.10.08

曾號稱鹽水第一條街的橋南老街，幾百年前因月津港港運的繁華而興盛，卻也因月津港淤積而沒落。第一次來到這條老街，為整排街屋感到嘖嘖稱奇。老街裡有間百年打鐵舖，主人十分熱情，常主動向遊客介紹打鐵舖的歷史，店內陳列的相片、刀具作品與百年風爐，彷彿就是一個活的博物館，若能見到師傅秀上打鐵功夫，那就太幸運了。

老街上多是這樣傳統的閩南粵東式街屋，主要為磚木結構，有著紅瓦屋頂的一樓建築。店門多是一門兩窗、左右對稱的木結構，形式簡樸。這間老屋外觀特殊的藍色吸引了我，畫面右側的斗砌磚牆已經倒塌，兩旁的窗上有兼具美觀與防盜作用的菱形鐵窗花，門前傾倒著一台早已解體的機車。

菱形鐵窗花兼具了美觀與防盜的功能。

許多人在繪製或記錄老屋的畫面中，不喜歡放進太新穎的事物，但我認為交通工具也是時代的象徵，就如同早期畫中會出現三輪車或牛車一樣。也許再過個幾十年，機車全面淘汰了，這樣的場景就會變成時代的回憶了。

30　銀鋒冰果室

類別
店舖

座落
台南市鹽水區
中山路

繪畫日期
2017.10.19

在鹽水地標八角樓旁，有一間開業已逾半世紀的「銀鋒冰果室」。據說早期這個建築是巴洛克式街屋，因遭到轟炸只剩一樓，現今僅能由殘存的結構一窺當時美麗的工法。

銀鋒冰果室的招牌冰品是紅豆牛奶月見冰。早期要吃上一顆雞蛋是很奢侈的事，因老闆娘自己有養雞，就想出了這個冰品。冰果室在當時也是鹽水地區男女相親的熱門場所，據說只要端出這個招牌冰，婚事多能談成，這也成為當地老人家難忘的記憶。

這個建築位於轉角處，上方的招牌早已鏽蝕。騎樓下除了冰果室外，一旁還有鹽水意麵攤，攤位擺放著幾張不鏽鋼餐桌與紅色塑膠椅，幾個穿汗衫的老人有些坐在騎樓下用餐，有些騎著單車。這樣的畫面彷彿只有在老照片看得見，時間如同凍結一般停留在這裡。

建築的一旁有紅綠燈與路標，黑白相間的電線桿上方纏繞著許多電線，頂端還有一個鄉里廣播用的大聲公。也許我們多數人對於這樣的街景感到凌亂，但綠底白字的路標、黑白相間的電線桿早已成為我們熟悉的都市符號，也許哪天所有線路都地下化了，這些畫面也就隨之深埋到記憶深處了。

31 魠魠魚焿店

類別
店舖

座落
台南市鹽水區
三福路

繪畫日期
2017.11.24

色彩是傳播情感的重要媒介，我們對於色彩的觀感可能隨著生命經驗的累積或是文化教育習慣而有所不同。色彩也會因生活經驗類似而產生相同的情感共鳴，因此生活在同一地區的人，對於色彩的感觸也較為接近，這就是為什麼連鎖品牌會重視企業識別系統的設計。

這間魠魠魚焿連鎖店，紅白的標準色與標準字，使我們在不同的地方看到這個招牌都能聯想到味覺的經驗，也是一種品質保證的暗示。

我很喜歡吃魠魠魚焿，總喜歡點一碗魚焿再加上一碗肉燥飯，魚焿要淋上一點醋，魠魠魚塊表皮炸得酥脆要盡快吃完，免得被焿湯泡軟少了點口感。我也很愛加入麵或米粉，但為了同時吃肉燥飯只好捨棄。

這個畫面中，我特別喜歡招牌的部分。一豎一橫的造形營造變化感及視覺焦點，二樓的建築主體以白色鐵皮搭建而成，綠白相間的遮雨棚透著微微的光，有著細微的色彩變化。騎樓內有價目表、瓦斯桶等多樣元素，豐富了畫面；角落則有穿著雨衣正在消費的客人，增添了故事性。

條紋相間的遮雨棚，也是台灣街屋常見的元素。

32 順泰電器商行

類別
空屋

座落
嘉義市興中街

繪畫日期
2017.09.12

一想到嘉義,我想大概許多人想到的都是阿里山或火雞肉飯吧?其實,嘉義對我來說有不少特別回憶。記得第一次看到銀河就是在阿里山上,半夜起床準備出發至祝山看日出,抬頭望見滿天星斗橫跨天際,這樣的美景在往後的人生中,似乎沒什麼機會再見。

這棟街屋位在興中街一帶,當時陽光十分強烈,斜陽透過了破敗的鐵架,在斑駁的鐵門上畫下一道道影子,一旁樹叢的曲線增加了畫面的趣味。鐵門上除了固有的藍色之外,還點綴著局部的鏽斑。

抬頭一看,二樓的屋簷下掛著一面八卦鏡,這樣的元素能透露出屋主的宗教信仰,也讓我開始幻想起過去這位屋主是怎樣的性格。二樓的舊招牌似乎年代久遠,許多字已經模糊斑駁,但仍看得到當時修理的電器品項,還包括現在幾乎已經淘汰的錄影機。我記得小時候還使用過錄影帶,當時要用跑車造形捲帶機將錄影帶「倒帶」後才能再播放,現在似乎不易見了。

這次造訪嘉義,是第一次用漫遊散步的方式遊走在車站附近的棋盤式老巷弄中。這樣隨興的行走觀察經驗讓我驚呼連連,也才發現原來嘉義有這麼多有趣的老屋。沿路許多街屋有著特殊而美麗的老舊建築紋理,都讓我像發現新大陸一樣,流連忘返。

33

類別
店舖

座落
嘉義市共和路

繪畫日期
2017.09.16

玉山旅社咖啡

與朋友造訪嘉義市「檜意森活村」後，往一旁的北門車站走去。北門車站是阿里山森林鐵道的第一站，也是阿里山鐵道貨運集散地。這裡在 1998 年 5 月曾遇祝融，並於同年 11 月修復，車站全部使用紅檜建材，典雅的造形使它成為遊客拍照的熱點之一。

讓我更感興趣的其實是車站旁的「玉山旅社咖啡」。這間旅社外觀沒有華麗的裝飾，招牌手寫字則增添了一點拙趣。一旁的大樹在正面白牆鋪上美麗的影子，也讓我發現其實它根本不需要多餘裝飾，這片樹影就是最美的打扮了。

這棟日式老屋有 60 年歷史，聽說早期是雜貨店，在 2009 年由「洪雅文化協會」結合在地力量發起協力修屋，從屋內看得出許多修繕的細心處與歷史痕跡。我們常覺得老屋很有「味道」，其實就是因為它堆疊了許多生活感。曾經居住過的人依自己的需要，讓它慢慢變成今天的模樣。只要仔細觀察，似乎可以透過建築與過去的居住者對話。

我坐在旅館內喝著咖啡，一旁北門車站旁傳來戲班子的唱戲聲，日式老屋內則播著原住民的歌曲，多重文化重疊交織的錯覺因此油然生起。

34　和平路日式老屋

類別	**座落**	**繪畫日期**
空屋	嘉義市和平路	2017.11.03

行經和平路一帶，我被一扇低調隱身在樹叢中的紅門吸引過去。斑駁的木門表面破敗、油漆脫落，外側則用幾個鎖頭深鎖，顯見這裡已經廢棄許久。

在好奇心驅使下，我站上門旁的大石往內眺望，看見了這間美麗的日式建築，門前有大片的庭院，背後有幾棵大樹襯托著。這樣頹圮的房子也許在許多人眼裡覺得難看，但對我來說卻不同。這棟建築的牆面有美麗的雨淋板，同時也能看到屋主自行修繕所堆疊的玻璃纖維浪板及帆布；傾倒的木頭與垂落的電線讓雨淋板的直豎線條產生變化，當陽光撒下，整間屋子頓時又有了生氣。

不知道這間屋子已被棄置幾年，也許還在等待有人來修繕整埋，也或者是因高牆隔絕，早已被城市所遺忘。我想，未能修繕的原因很多，經費不足或是產權問題都有可能，但我認為不論如何，只要能留下，便還有一絲希望，總比胡亂修整或毀於一旦來得好。

希望哪天經過能看到它再次燈火通明、人聲鼎沸。我離開時，看著老屋這樣想著。

35 家家理髮店

類別
店舖

座落
嘉義市蘭井街

繪畫日期
2017.09.06

這是位在蘭井街上的理髮店，門口旋轉的藍白紅燈管似乎是所有人對早期理髮店的第一印象。它的二樓是用鐵皮加蓋出來的閣樓，價廉且搭建快速的淡綠色鐵皮建材成為台灣特殊的建築景觀符號之一。

記得年幼的時候去理髮店，常因為身高太矮，老闆娘都會用一個洗衣板架在椅子扶手上充當小孩座椅，理完髮後，將痱子粉抹在我的後頸，再用刷子將沾附的髮屑撥掉，痱子粉的香味仍在鼻尖繚繞。

理髮店簡樸的外觀沒有太多裝飾，唯一醒目的是右側的招牌。誇張的突出建築立面，可以想見店家當時開幕初期急於攬客的心情。但現今招牌破損卻未見修理，對於能否發揮攬客功能可能已經沒有這麼在意了。應該是這間老店早有了固定客群，或是早已退下競爭的沙場，數十年如一日地服務著如多年好友般的老客戶。

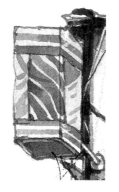

在流行步調快速的現代社會，這樣的老店保留了深厚的人情味，卻也漸漸凋零。門前貼著一張手寫的紅紙，上面寫著「徵小姐」，是否象徵了一個世代即將結束？我不得而知。

旋轉的藍白紅燈管是早期理髮店的代表標誌。

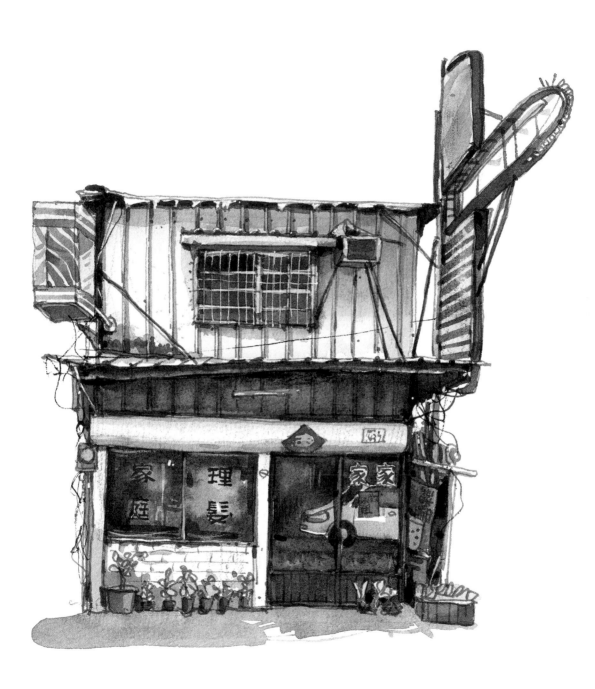

36　阿珠阿嬤的家

類別
住家

座落
嘉義市中山路

繪畫日期
2017.09.07

這間嘉義車站附近的街屋，在巷弄裡靜靜待了 70 餘年。這天，朋友帶我來這裡取景，他說這是他阿嬤的家。他阿嬤的故鄉在澎湖，台灣光復後被收做童養媳帶到嘉義，就此定居。長大結婚後，阿嬤與阿公的另外兩個兄弟合資買了這棟房子，大約在 1973 年開了「光明傭工介紹所」，營業項目繁多。阿嬤做人熱心，人面廣，在地人都叫她「阿珠姐」。

當時的工廠如果缺人都會到介紹所登記，而到嘉義工作的人，下了車站也知道來介紹所就可以找到工作。阿嬤除了介紹工作，也會在車站招攬旅客共乘「野雞車」（也稱白牌計程車）、用三輪車幫人載運白米和麵粉，有時還幫人作媒。早期嘉義車站前許多幫忙拉客搭車的人，其中有許多是阿嬤旗下的員工，遊客一出站便上前招攬，站前總是人聲鼎沸，好不熱鬧。

後來阿嬤年紀大，介紹所的工作慢慢沒做了。直到過世前，阿嬤的心願就是想回到故鄉澎湖祭拜父母，但可惜因為身體狀況無法如願。

這棟房子的外觀仍有日式建築的樣貌，二樓的窗簾遮蓋得密不透光，窗戶破損的地方是用木板或塑膠片擋住，鐵皮製的雨遮早已生鏽，像補丁般的鐵皮一塊塊釘在牆面雨淋板上，整個房子到處都是修補過的痕跡。老一輩的人常有節儉的美德，在居住上不求完美，只求堪用。有時利用手邊的材料做修繕，使建築外觀有著各種元素「拼貼」在其中。雖然紊亂，卻又堆疊出生活的痕跡，讓人不忍抹去。

37

義興當舖

類別
店舖

座落
嘉義市蘭井街

繪畫日期
2017.11.20

行經蘭井街一帶，瞥見一個大大的「當」字，醒目的紅字用油漆寫在藍色鐵門上，入口處掛著日式門簾，門簾內有個深鎖鐵門，門旁的對聯寫著「福富壽喜年年在，金銀財寶日日來」，橫批是「吉祥春暖歲歲多」。充滿福氣感的對聯，十足台灣味！

「當」這個字也成為一個符號，在都市林立的招牌中只要看到「當」字，就知道是當舖，不疑有他。早期商家較沒有品牌的概念，多數不會去設計個人的商標，商號多直接以文字表達，而楷書的端正，象徵了誠信正直的意象，有儒商的隱喻，加上楷書也較其他字體便於閱讀，因此成為商家最常用的字體。

由此可見，文字除了傳達字面上的意思之外，同時也透過符號化的方式傳達背後意涵，因此觀看者對於城市中招牌的字樣，在每天耳濡目染下，無形中將文字的型態及結構儲存腦中，之後當觀看到招牌上的文字時，也就很自然地串起對於在地的記憶情感連結。

日式門簾上的藍色「當」字，醒目地傳達了這家店舖的服務訴求。

38　光彩街自助洗衣店

類別
店舖

座落
嘉義市光彩街

繪畫日期
2017.11.21

這間小小的平房裡塞滿投幣式洗衣機，雖然平常在城市中也不乏看到窗明几淨的自助洗衣店，但是這麼繁複簡陋的倒是少見。雖然只是小小一間，上頭能掛招牌的地方都掛好掛滿，重複在旗子、板子、招牌上寫著相同的語彙「洗衣、24H、20元……」還用了許多對比的顏色標註可以清洗的物件。

這樣的畫面看來雜亂，也沒有什麼色彩規範可言，但是很「接地氣」，相當直白可愛。店家毫不掩飾地希望你來消費，同時又怕客人不知道什麼能洗、什麼不能洗，因此竭盡所能把標示通通寫上去。從這裡就很能感受到老闆的單純與用心。或許，我看到這樣的畫面會覺得「可愛」，正是因為這份直率的心意吧。

繪製這間街屋時，我花了許多時間處理鐵皮上的鏽斑與質感，那種經過風吹日曬所造成的痕跡，帶有許多色彩漸層，仔細品味的話，會發現上面有很多美麗的顏色。構圖上，我也試圖在平衡中尋找變化性，因此將左右兩旁的物件做了些取捨，增加視覺上的趣味感。

鐵皮上的鏽斑，細看帶有許多美麗的色彩漸層。

39 仁記商店

類別
店舖

座落
嘉義縣新港鄉
新民路

繪畫日期
2017.09.11

這是我第一次來新港鄉，參觀了1811年興建的奉天宮，接著就在一旁巷弄中探索，發現這一區有不少有趣的建築。雖然現在都市裡開了越來越多大賣場或大型五金百貨行，但這間私人五金行似乎更顯得有人情味。我想起過去在軍中，因為日用五金的需求量大，軍營周邊的五金行老闆通常會幫忙送貨，即刻救援使命必達，是軍營的好朋友。進到這樣的店家，老闆通常會直接開口問想要買什麼，因為只有老闆最清楚貨品放在哪裡。

這間店的大門是老式的鐵捲門，上方收納捲軸會以鐵製罩殼隱藏起來；這個位置也常被拿來充當招牌使用，店家會以油漆手寫上店名與服務項目。五金行裡陳列空間有限，許多商品都用吊掛的方式展示，像是黃色橡膠雨鞋、過膝雨鞋等用線從天花板垂掛下來，有種葡萄園結實累累的趣味感。一旁一捆捆園藝用的塑膠網、藍紅與藍白相間塑膠布、橘色橡膠水管，都可以依照客戶的需求按尺寸裁剪販售。

這些雨鞋與塑膠布等用具，似乎也反映出當地的日常需求以農業為主；小小的五金行彷彿成為在地生活的縮影。這些常見的日用品，形成十分有台灣味的符碼，每當我們看到這些符碼，也會不自覺產生莫名的熟悉感。

中台灣

雲林 ▸ 南投 ▸ 彰化 ▸ 台中 ▸ 苗栗

在城市漫遊時，常遇到這樣的情形：
發現了一間有趣的房子，
當下雖然不知其背景，
但在深入探索了解後，
總能發現其中獨有的故事⋯⋯

40　太平老街恆春元記

類別
店舖

座落
雲林縣斗六市
太平路

繪畫日期
2017.09.03

斗六的太平老街建於日治時代明治、大正與昭和三個時期，整條街有八十多棟兩層樓建築，立面的巴洛克風格雕飾精美。然而，對我來說最有趣的地方，是現今這條老街與當代的生活做了緊密結合。街上店家各自經營著不同行業，在地居民穿梭其間，而不只是刻意形塑出來的仿古觀光景點。

這間老街屋，保留著立面原有裝飾，包括上方女兒牆的浮雕、白色水平飾帶、紅磚的溫潤色澤，早期的店名匾仍在街屋立面。

不知道從什麼時候開始，台灣各處掀起了老街的風潮，許多城鎮都有條老街，遊客總是絡繹不絕。讓這些早期的老建築能夠換個型態活用，某種程度來說也是好事一樁，但我總覺得許多老街的商業型態相似性太高，將老街作為樣板式的觀光景點來經營，在不同城市複製相同的「老街意象」，反讓這些老街都缺乏特色，也讓人漸漸失去興趣。

老街的「再生」，應該是要保存原有的文化與生活，而非全然抹去，僅留建築。慶幸的是，太平老街仍是相當有生氣的一條街，既有早期建築樣貌，還有著濃濃的生活感，細細觀察這裡的建築藝術、美食與生命力，能讓人收獲滿滿。

現今是服飾店，但早期原有的「恆春元記」店名匾，仍固定在街屋立面。

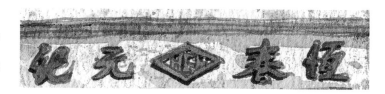

41 神燈精靈電玩場

類別
店舖

座落
雲林縣虎尾鎮

繪畫日期
2017.08.21

台灣長久以來接受各種外來文化的影響，使得文化上有種包容的性格，也影響了建築的樣貌。建築師將多元文化融入本土，在融合過程中經歷實驗與文化的磨合，使得建築樣貌夾雜了多樣性的元素符號。

但也有很多情況下，由於我們對於建築元素的不了解，試圖將自己認為好看的符號「拼貼」起來，常使得同一個建築上有了不同式樣的建築元素，以及造形奇特的建築景觀。

這間電動玩具遊戲場，門面上最醒目的是中間的藍色神燈精靈，令人想起天方夜譚故事中，精靈能完成你所有的夢想，彷彿暗示進入這個空間便能實現你所有的願望。房屋的上方有著類似清真寺的圓頂裝飾，兩側有著裝飾花紋，中央的凹壁類似清真寺禮拜殿中的「米哈拉布」（壁龕），一般米哈拉布在其周邊會有裝飾性的經文、花卉等幾何圖案，但因伊斯蘭教禁止崇拜偶像，通常不會放人像或雕塑。

也許店主在要求建築師設計時，不會去考慮其宗教或建築元素的背後意涵，但不知看在穆斯林的眼裡會有什麼感想？如果我們不要太嚴肅地探討，僅把這視為一種文化的融合，是創意的發揮，或許這樣的裝飾的確能成功吸引顧客目光，並成為台灣的特殊街景之一。

42 立振電動工具行

類別
店舖

座落
雲林縣斗六市
成功路

繪畫日期
2017.09.03

來斗六畫街屋時，除了太平老街之外，我還喜歡往兩旁巷弄裡鑽。在一般主要道路上常可看到早期整體規劃的街區，街道兩旁會有相同式樣的建築立面；但在巷弄裡，往往可以看到大異其趣的建築。也許是因為藏在巷弄中，比起大路上的房子較容易被忽略，所以有著各式各樣更不受限制的「建築拼貼創意」產生。

巷弄中大多是住宅區，能夠看到更多在地人生活的樣貌。觀光客通常也比較少走進來，但也時常會遇到住家居民疑惑或帶有點敵意的眼光。這也很正常，因為我們其實是進入了居民相對私密的生活範圍，所以在觀察城市時，盡量抱持著大方、尊重、謙卑、和善的態度，畢竟不是每個人都願意自己的生活區被觀看或拍攝。

這間兩層樓的街屋，沒有像太平老街上巴洛克式的複雜立面。騎樓用鐵皮加蓋了遮雨棚，上方則架上大大的招牌，招牌上的字樣早已斑剝褪色，有著濃厚的歷史感。

為了設置招牌，有幾根鐵架硬生生固定在建物上，這在台灣也見怪不怪了。對我來說，這樣的畫面雖然反映出人民對於建築藝術的不重視，卻也彰顯出一種積極的生命力。

43 西市場正皓銀樓

類別
店舖

座落
雲林縣斗六市
西市場

繪畫日期
2017.09.04

位於街角或路衝的街屋常常是搭設廣告的好位置，有許多人家甚至會主動將這樣的黃金地段立面租給廣告商。尤其到了選舉前夕，城市各個路口都可以看到候選人無所不用其極利用建築立面，掛上一面面競選廣告，候選人彷彿施展了「分身術」，在每個轉角都能遇見他，這也形成了特殊的城市風景。記得過去到大阪旅行時正好遇到當地選舉，只見候選人的海報整齊張貼在牆上，也沒見到大型看板與浮誇的造勢場面，面對選舉宣傳，日本似乎比起我們內斂許多。

這棟街屋的建築上方用鐵架橫空架出一塊招牌，醒目的位置就為了佔盡廣告效益。上面「正皓」兩字令人聯想到閩南語「真好」的諧音。早期建築師或匠師往往會將文化涵養呈現在建築元素中，不少空間與造形元素有著特殊的意涵，例如窗櫺的造形就有書卷形、蝴蝶形、瓜果形等吉祥圖案，或是將忠義故事與人生哲學裝飾在樑柱或雕刻上。而現今的招牌也有異曲同工之妙，店家取名時不乏帶有吉祥之意的諧音，或是使用一些詼諧的雙關語。

這種諧音雙關語十分接地氣，只有深諳這個土地文化語言的我們能一目了然，請外國人來看可能會丈二金剛摸不著頭腦。我們雖然早已習以為常，卻沒思考過這樣的取名方式其實蘊藏了深深的台灣味。

44 力行街綠色街屋

類別
店舖

座落
雲林縣斗六市
力行街

繪畫日期
2017.08.27

這街屋是一間越南料理店，白色招牌上寫著「牛肉河粉」、「雜貨店」，中間有手寫的越南文。也許是招牌廠商沒有越南字的字型，所以店家乾脆自己在中間空白處手寫也不一定。招牌下方那一條長長的銀色排油煙管，從廚房窗戶蜿蜒而出，也是台灣常見的街景畫面。屋側停了幾輛機車和汽車，顯然這間店有個方便客人停車的空間。

店面前方有突出的橘色遮雨棚，前方擺了些不鏽鋼桌，上頭放了幾個鍋子，看樣子應該正準備打烊，老闆蹲在一旁用橘色的圓形水盆洗碗。

這間房子結構十分有趣，醒目的綠色牆面是水泥砌成，但上方卻罕見的是木頭結構，屋頂是日式水泥瓦。但木造建築的立面卻又變成水泥牆，有著一個窄窄的陽台，用紅色欄杆作圍護。牆面上方又以紅磚砌了一排類似女兒牆的結構，裸露的紅磚沒有任何裝飾。再往後看，後方還有一個紅磚砌成的加蓋屋，造形上仿效前方木造建築，屋頂為水泥瓦，窗外則用鐵皮作為雨遮。

就木造結構外觀來看，這房子應該有點年代了，我猜想，二樓的木造結構或許才是這棟建築原本的模樣。後期為了補強，則局部用水泥建材加固，而後方的紅磚加蓋屋雖然已是新的建材，在外型上卻刻意模仿早期的樣式。

我幻想著這位屋主可能很念舊，選擇將早期的牆面盡可能保留下來，才會結合各時期的風格拼湊出如今的樣貌。這也讓我忍不住開始替這棟街屋加油添醋，揣想出許多故事情節，也是觀察中的一大樂趣。

45 春陽部落鐵皮屋

類別
住家

座落
南投縣仁愛鄉
春陽村

繪畫日期
2017.08.17

曾經有幾次機會探訪山上的原住民部落，發現有許多建築是依地形建造，有些路面雖然很陡，卻仍然能克服崎嶇的地形蓋出一間間房子。

這間鐵皮屋座落在兩條陡坡的交岔口，畫面右側較左側低，因此可以看到左側的鐵皮貼著路面，而右側則用鋼架將房子墊高，形成一個凌空的平台。門前的階梯為了便利與美觀，還做了一點小小的轉身。

這讓我想到去九份觀光時，大家印象最深的就是那段又陡又長的階梯，因地制宜的房舍形成錯落的層次感，在夜晚亮起燈，形成了特殊的夜景。

也讓我想起過去在軍中服役時，有些據點為了隱蔽與便於鳥瞰，刻意蓋在偏遠的山上，這樣的據點往往可以看到「先期學長」胼手胝足克服萬難的痕跡，在意想不到的地方會冒出一段階梯，或是伸出一根曬衣架，與其說這個據點是依著山而蓋，我反覺得是與山融為一體了。

我特別喜歡類似這樣的建築，這些建築因為礙於地形，建造時無法使用大型機具，也無法打地基，卻衍生出與平地截然不同的建築樣貌。初次造訪除了驚喜連連、嘖嘖稱奇之外，也對建造者感到深深的佩服。

46 春秋美術社

類別
店鋪

座落
彰化市民族路

繪畫日期
2018.02.19

上次來彰化市大概是兩年前。想到彰化應該直接會想到八卦山大佛，但是這次為了取景，我依然用走路的方式，在大街小巷亂竄，發現彰化其實有許多有趣的街屋，處處充滿驚喜，讓我看得不亦樂乎。

在民族路一旁看見了這間街屋，巨大的「春秋」兩字吸住了我的目光。商店招牌正中間有一幅莊嚴的觀音像，「春秋」兩字的下方則有不規則形狀的裝飾圖形，招牌整體的暖色調正好與觀音的藍色調形成對比。

店鋪兩旁放置許多招牌與旗子，註記了「春聯」、「觀音」、「神明」等字樣。騎樓內掛滿了紅色與黃色的燈籠，滿溢的鮮豔色彩，像極了過年時熱鬧的氣氛。

查了資料才發現，原來這間是開業已逾半世紀的「春秋美術社」。老師傅唐秋水先生是榮獲薪傳獎的傳統技藝大師。他以手工古法製作彩繪燈籠，以及玻璃觀音媽聯。觀音媽聯又稱「觀音彩」，就是台灣家庭中神明廳擺設的神明繪像，現在多以電腦輸出為主，但老師傅堅持手繪，讓技藝得以傳承下去。

在城市漫遊時常遇到這樣的情形，當我發現一間有趣的房子，當下雖然不知其背景，但查詢後，常發現是很有故事的店家。建議大家在街上不妨多留心，保持旺盛的好奇心，也許會挖掘到許多有趣的故事。

47 宏昌鎖匙大王

類別
店舖

座落
彰化市成功路

繪畫日期
2018.02.22

走在成功路上，被這間店的大大的鑰匙招牌吸引。這讓我想起了大阪道頓崛的店家，其特色就是招牌彷彿大型的裝置藝術，有些是會動的螃蟹，或是巨大的煎餃、章魚、河豚等各種爭奇鬥豔的招牌，店家用這種有趣的方式吸引顧客，鑰匙招牌與其相比雖然小巫見大巫，但頗有異曲同工之妙。

這間店名自稱「鎖匙大王」，暗示了店家認為自己是箇中翹楚的意思，以此吸引顧客光臨。鑰匙與印章以符號性的圖像呈現，就如同麥當勞巨大的黃色M型招牌，總是樹立得非常高，便於我們在城市叢林眾多的招牌中一眼就可以看見。

我也曾經有被鎖在門外的經驗，當我在街上找尋鑰匙店時，也會將目光放遠，試圖在眾多的招牌中找尋鑰匙的符號，這也不難理解老闆為何將招牌做得如此醒目了。

店家的騎樓內有兩個招牌，分別寫了「配鎖匙」和「刻印」的字樣，落地窗上一左一右貼著印章與鑰匙的圖樣。每每在路上看到鑰匙店，通常附帶有刻印的服務，真令人好奇兩者之間到底有何關聯性？

據說早期兩者是分開的行業，後來因為刻印技術轉為電腦化，加上民眾對此兩者皆常有需求，就有商家漸漸將兩者做結合，一起經營了。

48 太平街制服店

類別	座落	繪畫日期
店舖	彰化市太平街	2018.02.26

這間街屋在彰化太平街上，小小的店面，掛滿各式各樣的制服。老闆用各種顏色的紙卡寫上各校的名稱，註記有賣哪些制服。布條上擁擠的文字排版方式，彷彿寸土寸金絲毫不可浪費，這樣的畫面也形成了台灣獨特的城市美學。每到新學期開始前，必然有許多學子光顧購買。

新的制服象徵了新的開始，新制服上的氣味讓當時年幼的我們感到十分欣喜，雖然與同學所穿無異，但還是想炫耀一下自己穿的制服是新的，在物資無虞的現代，這樣簡單的快樂似乎也漸漸淡去了。

記得過去求學的時候，每到新學期總有件重要的事得做，就是「繡學號」。現在許多學校都是直接發牌子縫在制服上，但我們小時候最常見的就是請電繡店阿姨直接繡上學號。

當時學校或社區周邊一定都有幾間電繡學號的店家，各校學號的字體、位置、大小各有規定，不容出錯，而這些電繡店阿姨對些規定都瞭若指掌。記得當時將衣服送繡學號，電繡店阿姨隨著縫紉機的針快速移動著衣服，一個個文字就慢慢浮現成形，當時在一旁盯著看的我，只擔心阿姨的手會不會被針扎到，長大後想起，才發現這些阿姨個個身懷絕技。

現在繡學號大多是以電腦刺繡為主，在電腦上輸入要繡的文字及字體，便可由機器安全無誤地完成。機器取代傳統技藝似乎是一件難以避免的趨勢，在速度與效率掛帥的現代社會裡，能花最少的時間獲得最大的效益，似乎是多數人追求的目標，但是快速的結果必然是好的嗎？這點或許值得我們再三思考。

49 陳稜路日式老屋

類別
住家

座落
彰化市陳稜路

繪畫日期
2018.02.24

這間位於彰化陳稜路上的街屋，兩旁是已經改建的三樓鋼筋水泥樓房，這間街屋像夾心餅乾一樣被夾在中間，更顯得矮小。日式水泥瓦上布滿青苔，建築立面則是雨淋板結構，木板在長年日曬雨淋下已有些褪色，也有點變形，整個立面因此看起來凹凸不平。房子左側可以看到水泥與紅磚的痕跡，右側則用了黃色的木板做補強。木板很薄，應只是為了防風遮陽，對於結構則沒有加固的作用。

在木門上方有一個斷裂的木架，過去或許是遮陽棚架。木門表面有明顯的色彩漸層，上方還有兩塊門牌，一新一舊。門兩側的窗戶有些玻璃已經破損，可以看到內側窗邊堆滿雜物，窗戶外則用木條歪歪斜斜做了防盜的欄杆。

我總會猜想這樣的房子裡是否住著一位固執又念舊的老人。看這門口掛了兩個手寫木牌，寫著「門口請勿停車」及「有人出入」，也許是因為外觀的破敗常令人誤以為沒人居住，加上這附近街道常有遊客亂晃，屋主不堪其擾才寫了這個牌子吧。

門前放了三張椅子，可能是屋主的幾個老友會到門前「串門子」。我看著緊閉的大門，以及早已損壞的遮雨棚架，不禁深思，裡頭還有住人嗎？真的還有人會來聊天嗎？

每當在路上看到這樣的畫面，便會思索不知是什麼緣故讓這房子就像按了時間暫停鍵，不管周邊建築更迭變化，只有這間房子還停留在當年的模樣，與現今建築顯得格格不入。

50 鹿港路邊樹屋

類別
住家

座落
彰化縣鹿港鎮

繪畫日期
2017.09.14

匆匆造訪鹿港時，無意間發現路邊有間倚著樹搭建的鐵皮屋。鐵皮因生鏽褪色產生了多層次的色彩。看似倉庫的鐵皮屋門口卻有著張貼春聯的痕跡，難道這個屋子有人住過嗎？這房子旁邊用帆布簡陋地圍了起來，除了隱私的考量，似乎也有一種「劃地為王」的意味。將原來沒有圍牆界限的地方用帆布遮掩，形成一個私人空間，多數人對這樣的狀況見怪不怪，但這也反映出人們在狹小的居住環境為了增加生活空間，的確用盡心思。

與房屋共生的大樹讓我想到台南有名的「安平樹屋」，安平樹屋原是「德記洋行」的倉庫，經過數十年的歲月，榕樹的氣根盤據將建築團團包圍，形成樹屋共生的奇景。李清志教授在《台灣建築不思議》中提及，真正的共生樹屋建築應該是可以共同成長、共同茁壯的結構方式。

我很喜歡攀附在房子上的植被，我在自己經營的工作室牆上種了許多薜荔，最初也是希望它能趕緊攀上牆面，我甚至在光滑牆面抹上補土，希望增加一些摩擦力，雖然最後發現一切徒勞。因為植物也像人一樣需要時間適應環境，當它適應了環境，之後的生長便會更加強壯，也因為有這樣的等待，當植物成長後我們與它會有更深厚的情感。

51 德利麵食館

類別
店舖

座落
台中市中區
繼光街

繪畫日期
2017.09.03

台中繼光街在日治時期稱為「榮町」，當時有許多布店在此營業，也有「布街」之稱。繼光街是台中最早的年貨大街，有著「北迪化，中繼光」的稱號，至今仍是台中相當熱鬧的街道，擁有全台中市最長的行人徒步區。

這棟老屋夾在左右兩棟已經改建過的現代建築中間，顯得分外搶眼，街屋的前身為「金振源」，現在是「德利麵食館」，建於日治大正年間（1911 至 1925 年），為二樓的紅磚洋樓式樣，主要以紅磚作為建材。

屋頂女兒牆上的老虎圖已剝落不清，仔細看，齜著嘴的老虎背上還載著一個人，相當有趣。二樓窗戶上方還有花型的浮雕，雖然圖樣已殘破，仍可一窺當年風采。這間街屋是大正年間的代表作，也見證了台中中區近百年的商業風華。

現今這個建築立面加裝了招牌、冷氣分離器與帆布。廣告招牌往往是破壞建築美學的最大元兇，我們對於在建築物上加裝廣告架是司空見慣的事，即使原來的建築立面有多美麗，之後也常會被店家以廣告覆蓋住。

近來期待改變城市美學的觀念漸漸抬頭，有些店家也會自發性將立面廣告移除，露出原來的建築樣貌，或是將招牌色系與原建物盡可能融合，使其不顯突兀，我認為這些都是折衷的好方法。

52 大碗公冰店

類別
店舖

座落
台中市霧峰區
民生路

繪畫日期
2017.08.24

會認識霧峰主要是因為有一次機會來霧峰的「KELLER STUDIO」展出，也藉此與這個地方有了初步的認識。老實說，在來霧峰之前，我對於它位在哪個縣市都不清楚，也是這次到訪才知道，原來霧峰還有個赫赫有名的「霧峰林家宅園」。

霧峰林家宅園過去曾是台灣規模最大的傳統民居宅第，在1999年921地震時遭受巨大災損。經政府與後人積極修復，目前多數區域已能開放參觀。當天我想購票進入下厝的「宮保第」參觀大花廳，在購票前，看到一旁小巷有一個巨大風車，走近一看發現原來是間冰店。

這間冰店外觀十分有趣，固定不動的大風車成為引人注目的最大招牌，雖不知風車與冰店有什麼關聯，但也許是希望給顧客一種「涼快」的暗示吧。圖中的角度是店家的側面，實際上店門開口在畫面左側，但因為這一面直接面向大路，也是最多人會看到的地方，因此店家把所有最精彩的東西都放在這個角度展示。

首先是整體的藍綠色調，冷色系讓人在視覺上就有種清涼感，一眼看去暑氣全消。上頭放滿各種冰品的相片，告訴大家店內販售的品項，也讓路過的人看了垂涎三尺，進而入內消費。招牌上的字樣「大碗公」與「冰」，都非常直白。這家店最早從高雄發跡，主打可以提供二至三十人份的冰品，這樣的直率風格，或許也反應出南部人的熱情與豪邁吧。

53 度人生檳榔攤

類別
檳榔攤

座落
台中市霧峰區
吉峰路

繪畫日期
2017.08.26

這間霧峰吉峰路上的鐵皮屋，位於兩條岔路的路衝。因為我實在太喜歡這個造形，邊拍照還可以感覺到自己嘴角上揚。在城市中常會遇到這樣的狀況，雖不抱著預期心理，但只要觀察力夠敏銳，便可在街角與這些有趣街屋邂逅，出門常有意外驚喜。

實際場景的左側仍有延伸立面，但我為了這獨特造形主觀上做了刪減，好強調街屋「之」字的構圖。這個用鐵皮搭建而成的街屋，二樓處已殘破不堪，剩下支架和搖搖欲墜的鐵皮屋頂，幾乎沒有遮蔽功能。醒目的白色「何家大鼓陣」招牌，上面的字已模糊不清，右側還能見到一樓檳榔攤放射狀LED霓虹燈管。

檳榔攤或是娛樂場所的招牌常用色彩鮮豔、動感閃爍的霓虹燈來吸引路人，在黑夜襯托下分外醒目。我們看到霓虹燈也常會聯想到燈紅酒綠繁華夜生活的意象，形成一種特殊有趣的象徵。

檳榔攤的名稱叫「度人生專業檳榔」。「度人生」三字似乎暗示了一種與世無爭、看時間流逝的生活態度，同時帶著一絲淡淡的無奈感；而「專業」兩字則是在強調自家檳榔的品質，像是要告訴顧客，檳榔是陪伴你淡然度過漫長人生的最佳良伴。

54 霧峰肉粽嫂

類別
店舖

座落
台中市霧峰區
樹仁路

繪畫日期
2017.08.28

我大多利用外出工作或寫生的契機順道造訪各城市,有時也會結合畫展的展期到當地寫生。除了透過繪畫感受當地風情之外,我也把寫生當作一種「行為藝術」,希望透過這個行動對當地產生一種「擾動」。寫生的藝術家成為現場的風景,而藝術家的作品則讓在地人反思,原來大家熟悉的街景在藝術家眼裡竟是這麼有趣,若能進而使在地人試著用不同角度看待自己的城市就更好了。也是因為這次有作品在此地展出,讓我有機會更認識霧峰。

下著雨的晚上,我撐著傘在霧峰樹仁商圈一帶遊走覓食。樹仁商圈有許多美食小吃,除了在地人常來光顧,也是遊客很愛造訪的地方。即便飄著小雨,一到用餐時間仍相當熱鬧。

就在一個路口,我看到這間街屋,綠底白字的帆布招牌,大大的「肉粽嫂」三個字,遠遠就吸引住我的目光。這招牌直白地告知路人這家店賣的是肉粽,直率又好記,視覺印象也強烈。因為正好位於轉角處,在造形上也有些圓弧的轉折。

這棟建築立面沒有太多裝飾,但在路燈微光照映下,紅色磁磚產生了黃、橘、紫的色彩漸層,與綠色招牌形成對比,原本沒什麼特殊的牆面似乎變得浪漫許多。騎樓下,店家仍在努力工作,日光燈透出的白光在夜晚中顯得分外醒目。

聽說相距不遠處還有間「肉粽媳婦」,兩家店都傳承母親的手藝,以便宜好吃聞名。師出同門卻味道略有不同,各自有喜愛的客群,可惜這次沒嘗到,下次一定要列入必訪清單。

55 霧峰市場雨傘批發店

類別
店舖

座落
台中市霧峰區
霧峰市場

繪畫日期
2017.10.20

每到一個城市，我最喜歡逛傳統市場。市場常常是在地生活中心，裡面除了販售生鮮蔬果之外，可能還有服飾店、鞋店等各式各樣商家，是個能夠馬上感受在地蓬勃生氣的地方。在老市場裡，也能透過店家的生財工具或房屋結構，看出營業多年的歷史痕跡。

一大清早，霧峰市場就擠滿了人，伴隨著攤商的叫賣聲與顧客的議價聲，熟門熟路的主婦總可以知道那些攤子賣的東西便宜又實在，又或是得知最近進了哪些新鮮貨。我對傳統市場會有特殊的情感，可能是源自於小時候阿嬤就在屏東的勝利市場賣麵，童年有很多時間在市場中度過的。

這間在霧峰市場的店家，騎樓掛滿了雨傘與旅行箱，雖然只用了幾個紙板寫上「雨傘批發、旅行箱」等字，但不需多說，經過的人都知道這間店在賣些什麼。

店門前的藍綠色帆布遮雨棚，幾乎是每個店面都會加裝的設備，左側的帆布是黃紅的配色，右邊則是黃色，正好與中間的藍綠色成了寒暖色系對比。兩旁的帆布如大鵬展翅般張揚地畫出領土，將騎樓的空間做了延伸，也適度擋住了兩旁的風。騎樓內則掛滿了五顏六色的雨傘，前方也放置了大大小小的行李箱，右側還有許多條紋配色成捆的帆布以及吊掛的雨衣，這些豐富的色彩，讓市場的一隅增添了許多獨特的繽紛感。

56 統一獎券行

類別
店舖

座落
苗栗市建中街

繪畫日期
2018.02.15

二月，搭著火車來到苗栗車站，站前有一塊很大的腹地，可能是天冷加上小雨的關係，路上行人稀少，我拖著行李慢慢往新興大旅社走去。

第一次來到苗栗市，於是請旅社老闆向我介紹哪裡有老房子，他建議我到南苗市場一帶。老闆說，靠近車站的一帶是「北苗」，較多住宅區，所以店家不多也比較寧靜；往「南苗」的路上會經過「中苗」，而比較熱鬧的區域在南苗。我沿著中山路往南苗市場走，在路上看到了這間街屋。

黃底紅字的招牌由右而左寫著「統一獎券行」，左側也有一塊白色的手寫招牌，不確定這間店是賣愛國獎券或台灣彩券的地方。愛國獎券在 1950 至 1980 年代發行，結束於 1987 年 12 月 27 日，倘若這是販售愛國獎券的獎券行，表示它已經靜靜在此待了至少 30 年以上。

從外觀來看是一層樓的木結構建築，正面主要由形狀一致的窗戶排列而成，分割成整齊的方塊，但上方的玻璃多數破損。也許是為了避免房子再受風吹雨淋，在內側又以木板補丁，大致遮掩住破洞。木板材質顏色不一，顯然是用隨手找來的材料補上，未補之處也因內部光線不足而無法窺視。

房子一旁用鐵皮圍了一道圍牆，內側的樹已經高出房子許多，雖無法得知為何這個房子會閒置在此，但每次在路上看到這樣的畫面，總會激起我想一探究竟的滿滿好奇心。

57　中山路歇業咖啡店

類別
店舖

座落
苗栗市中山路

繪畫日期
2018.02.16

晚上在旅社旁遊走，看到這間街屋，門前掛著一個簡單的招牌，低調寫著「Coffee Shop」。立面上白色仿石頭質感的文化石牆，凹凸的表面使光影有許多變化。每一排石磚的大小與間距各有不同，看得出在施工時頗具用心。上方木作裝潢早已破敗如流蘇般垂落，窗前貼了寫著「租」字的廣告，畫面右側的支柱上長出了植物。

從外觀的配色與材質來感受，整間街屋的顏色淡雅低調，沒有誇張的布置，卻又重視質感呈現。極小的招牌，目的不是要讓遠處的路人看到，更可能是希望吸引在巷子裡散步無意瞥見的客人或是常客。

我特別喜歡門口這個「車庫前請勿停車」的鐵製手寫告示牌，這種可以旋轉的告示牌現在已經十分少見。當時天色已晚，一旁的路燈照射下，在牆面留下了明顯的投影，增加畫面的變化性。

這家小店讓我想起過去在京都的住宅區中遊走，也鮮少發現張揚的招牌，有些招牌甚至要很細心才找得到。那次日本友人領我至一間小餐館用餐，門口只有一個約莫A5大小的招牌，友人說這些餐館以常客為主。正當我還在替店家擔心時，陸續進來了許多客人，沒一會兒就把餐館坐滿了。每個進來的客人都向店長打招呼，在玄關脫了鞋，自然地像回到家一樣。說不定，這間早已歇業的咖啡店，當初也是希望營造出這樣的氣氛吧。

58 南苗市場水果行

類別
店舖

座落
苗栗市博愛街

繪畫日期
2018.02.16

早晨的南苗市場充滿了人群,滿滿的生命力。這天天氣很冷,我看著一些攤販在沒有遮蔽物的市場中間吹著冷風賣菜,覺得他們好辛苦。

旅社老闆特別建議我到市場吃水晶餃,我看到賣水晶餃的店家感覺特別新奇,因為過去對於水晶餃的印象就是火鍋的配料,很少看到作為主食在販賣。

在市場中,我看到一間水果攤。台灣是水果王國,一年四季都有豐盛美味的水果產出,在台灣要買水果不是難事,甚至有些水果行還發展為 24 小時全年無休的營業模式。

這間水果行,上方招牌是用帆布懸掛而成,內部牆上則掛著寫了「招財進寶」的春聯,還有水果照片月曆。一旁的箱子上印著水果圖樣,這些對於常逛水果攤的朋友應該都是令人記憶深刻的符號。

店面外側以移動式鐵架和菜籃來陳列水果,鐵架上貼著一張張手寫價目表,旁邊掛著購物常見的紅白塑膠袋。這種塑膠袋也是台灣重要符號之一。當我們在海外看到提著紅白塑膠袋的人,很容易猜想他應該曾來台灣旅遊或者是台灣人。紅白塑膠袋,就像台灣人平時居家最常穿的藍白拖一樣,成為一種能讓人聯想到台灣的記憶符號。

北台灣

新竹 ▶ 桃園 ▶ 台北 ▶ 新北 ▶ 基隆

我時常被建築物上獨特的痕跡所吸引，
這些痕跡，代表的不僅是時間的刻度，
更可能是一個「故事」。

59 街角萊爾富

類別
店舖

座落
新竹市中正路

繪畫日期
2017.11.03

新竹火車站前這間街屋，位於車水馬龍的中正路上，兩側的立面自然變成了絕佳的廣告載體，原有的建築外觀不再重要，取而代之的是具有經濟效益的招牌，上面毫不客氣的塞滿了各種廣告訊息，牆上五顏六色的色彩就像即將出嫁的少女，將全部的家當掛在身上一樣。

這樣的畫面在台灣隨處可見，外觀上，過多的招牌攀附在建築上，破壞了建築外觀原有的比例美；結構上，廣告商用最大限度在立面架起一個個招牌，對用路人來說也可能是隱藏的危機。

這樣的街景成因，除了一般人對於美學的不重視之外，政府的法令執行不力也有關係。像日本京都對於招牌設置就有嚴格的規範，禁止在屋頂上放置廣告看板、不能有閃爍的霓虹燈、不能有明度彩度過高的色彩、禁止使用對比強烈的顏色……，除了基於安全的保障之外，還有對城市景觀統一調性的考量。

美感需要慢慢培養，我們生活的環境就像日常的美感學習教室。在城市中居住的人會受到現有環境影響，耳濡目染地產生出相符的美感。人因美感改變城市，而城市又會因美感影響人，兩者相生相息。美感存在於生活所有的細節當中，多一點對美的鑑賞力，我們雜亂的市容也會多一點美麗吧！

60

新竹東門市場

類別
市場大樓

座落
新竹市大同路

繪畫日期
2017.11.08

這個騎樓的位置是東門市場的出入口之一，整棟白色的建築立面十分搶眼，吸引許多遊客在此留影。三樓與二樓的鐵窗花樣式不同，三樓為橫向類似圓筒的造形，二樓則是縱向類似魚的造形。白色外牆有些斑剝龜裂，長年的鏽蝕也在牆上留下一塊塊茶色汙漬。右側招牌下長出一叢植物，與電線交纏在一起。「東門市場」四個立體字由右至左排列，旁邊還有立體邊框裝飾。騎樓裡，一片黑暗中透出微光，整個白色立面雖然有著歷史痕跡，但它的低調與典雅仍可透露出當年風華。

東門市場成立於 1900 年，曾經是台灣最大的市場。1977 年改建成集合市場，擁有新竹第一座手扶電梯，鼎盛時超過五百家店家營業，近年卻沒落只剩幾十間店舖。在市府的規劃下，近年來有青年團隊與店家進駐，為東門市場注入新氣息。我喜歡這樣賦予老舊市場新生命的方式。

近年來有些城市花大錢用貨櫃蓋了新的基地，弄出許多新空間希望年輕人進駐，但我總對這樣的空間無感。對我而言，市場是最在地的文化，而那些新貨櫃就只是噱頭。創造一個新的建築相對簡單，但是要翻轉老舊的事物卻極困難；用一些理念或杜撰的故事來包裝空間很快速，但想挖掘深厚的文化底蘊卻需要漫長的時間。前者可以短時間吸引大量的遊客來訪，沒了新鮮感之後就任憑荒廢，後者卻可能讓遊客因愛上在地的生活型態、文化，因而一來再來。如果是你，會選擇哪一樣呢？

61 梅桂鮮花店

類別
店舖

座落
新竹市中正路

繪畫日期
2017.11.08

這天要去新竹文化中心參加畫展,從新竹車站徒步過去,被路上這間老舊的花店吸引。店面上方白底紅字的招牌早已模糊不清,騎樓內側招牌則用了紅底白字。左上方有個突出小招牌供馬路上行人觀看,一旁的立柱上還用了繩子將廣告板固定,落地窗前則放了幾盆花,讓過路人從任何角度一定會看到這家花店。在路上觀察分析店家的擺設時,似乎常會感受到店主不經意透露出的企圖心。

從這間花店旁的小巷進去後便是東門市場,第一次走進市場裡,有一種誤入桃花源的驚豔感。各式各樣攤位掛著老式的黃色鎢絲燈泡,層層疊疊有種夢幻的感覺。來往的客人大多是提著菜籃的婦人,像我這種拿著相機到處亂拍的年輕人,一看就知道是觀光客。

我常覺得市場雖然沒有典型的美,但是能在堆疊的招牌和鐵皮加蓋上看到澎湃的生命力。

漫步在市場裡,眼睛能感受到燈泡的刺眼炙熱,黃色燈光照射下的商品有些清晰、有些模糊,鼻子嗅到乾貨的味道還有肉腥味,身體則感受到市場裡的熱度和腳下積水的溼滑,這些體感經驗,對習慣在超市裡購物的我們來說,是不是早已淡忘?也許,該找個時間到市場走走了。

62 以文堂印舖

出了東門市場,在四周開逛,發現新竹的街道十分有趣,常常在一個轉角,冷不防地出現一棟令人瞠目結舌的美麗街屋,令人流連忘返。

這間街屋立面為紅磚堆砌而成,窗框上方的砌磚方式呈現放射狀,騎樓的開口部則做成了拱形的造形,紅磚堆砌的巧思在看似低調的牆面上,留下了不凡的造形變化。最上方的女兒牆嵌著幾何圖形裝飾的花磚,有幾塊花磚圖樣與其他不同,不知是否是後期修繕時未能取得相同材料所致?

右側藍色的變電箱,底座為黃黑相間的配色,這是台灣馬路旁常見的元素之一,變電箱上常會畫著青山綠水的圖樣,企圖用自然的符號包裝,消弭我們對於工業化產物的排斥,這常讓我感到十分矛盾與違和。

立面的女兒牆上,有幾何形狀裝飾的瓷磚。

正面白色招牌寫著「利生藥局」,但裡頭的招牌卻寫著「以文堂」,是間刻印店;兩種行業的招牌放在一起,究竟是同時或是先後執業則不得而知。

作家陳柔縉在她的著作《一個木匠和他的台灣博覽會》中提到一則故事:早在 1920 年代,台北的京町大街(今博愛路)上,有一家叫「以文堂」的印章店,老闆姓松田,他在 1922 年登上了新高山(今玉山),並在山上刻了一顆「新高山」章,同時準備了印泥,供之後攻頂的登山者作為征服玉山的印記。這應該是台灣最早的旅遊紀念章。雖然此「以文堂」,非彼京町大街「以文堂」,但店名的巧合仍令人覺得十分有趣。

63 新興農藥種子行

類別
店舖

座落
新竹市中央路

繪畫日期
2018.01.04

這間老店的招牌上有著許多鏽蝕的痕跡,字樣也略為褪色深淺不一,招牌沒有太多圖樣式的符號,絕大多數都是以文字直白的顯示販賣的物品。店裡除了販售種子之外,還有針對蚊子、跳蚤的殺蟲劑及除草劑。

騎樓前方放置了一盒盒的菜苗,一片綠色看來十分舒爽;內部擺放的各種商品,在昏暗的燈光下形成各種不同色塊,整體視覺充滿了繽紛色彩感。

這店面還有一點特別有趣。一般店家為了充分利用空間架設招牌或看板,利用範圍通常會包括騎樓前方的柱子。但柱子的立面基本上有一半屬於隔壁人家,於是店家在懸掛招牌時便心照不宣地留下另一半的空間給隔壁。像是這間店的右側柱子上,一半寫著新興農藥行,另一半綠色牌子則是隔壁肥料行的,從小地方可以看見人們相處間的微妙,彼此尊重、互不侵犯。

種子行這個行業對我來說是陌生的,因為我的生活中沒什麼機會需要用到種子,想種種花的時候也多半會選擇到一般花店購買。但其實種子行對農民來說是很重要的存在,賣種子需要許多專業的知識,才能做好保存,或確保種子的品質與種植之後的發芽率。現在的務農人口相較過去越來越少,對於種子販售這行來說肯定也有嚴重的影響。

64　永和市場蔬果店

類別　　　**座落**　　　　　　　　　　**繪畫日期**
店舖　　　　桃園市桃園區中正路　　　　2018.01.05

這個位於永和市場街角的立面，掛著一家擇日命相館的紅色醒目招牌，下方則條列出服務項目，有八字流年、公司店號、命名合婚等種種人生大事，彷彿在告訴我們，只要踏進命相館，人生就可以被安排得妥妥當當。下方第三個招牌則寫著「東方不敗麻將店」，最前面還畫個「發」字麻將，像在暗示客人進去買麻將就會「東方不敗」，在牌桌上無往不利。騎樓前擺放一籃籃青菜，上面標示著菜價，戶外空間撐起幾支大傘，成了一個臨時性店面。這是台灣常見的市場風景。到收攤的時候，一切又會整理得乾乾淨淨。如果想要看到充滿生命力的市場就要趁早，晚了看到的景致又會不一樣。

永和市場在日治時期便是桃園的重要市場，因為是桃園捷運綠線 G08 站的預定地，現址將拆除並將原攤販安置在原址重建的東門市場大樓。瀏覽過去的新聞，多數攤販因為攤位過小、停車位不足或擔心分配到較高樓層會影響生計而反對搬遷。

這讓我想到兩年前台中建國市場也有類似狀況，40 幾年的老市場將拆除，當地有一群有心的民眾用影像、文字、音樂、藝術、田野調查等方式，詳實記錄下老市場最後的身影。雖然不得已，但最後仍溫柔地幫它留下記錄，滿懷感謝地送走市場。

傳統市場的廢存就像新與舊之間的拉扯，這也是現代化的代價。我們身在其中無從選擇，但面對這些老建築，或許可以用更溫柔的方式來對待，至少拆除前做好記錄。市場就像一個巨大的記憶載體，這個空間裡交雜了數十年住戶、菜商、客人之間的生活記憶，就這麼用怪手破壞了，真的是令人感到不捨與惋惜。

65 金城囍餅蛋糕店

類別
店舖

座落
桃園市桃園區
中山路中正路口

繪畫日期
2018.02.13

桃園中正路與中山路的交叉口座落了一間歷史超過 200 年的「景福宮」，但吸引我注意的街屋是景福宮斜對面一個四層樓高的大招牌，霸氣地佇立在街口。招牌上巨大的字寫著「金城囍餅蛋糕」，上方有個半圓形白色板子畫了一個城樓圖樣，呼應著店名。紅色的招牌搭配著黃色的字，一樓的遮雨棚也選用了紅黃相間的配色，大樓牆面則是粉紅色，使得建築整體呈現統一的橘色調，視覺感十分舒服。

這間蛋糕店自 1940 年創立，是桃園的第一家糕餅店，並在 2017 年 1 月 16 日歇業，經營了約 77 個年頭，對於老桃園人是難忘的飲食記憶。

幾次的城市漫遊中，發現許多地的中正路似乎都是比較早發展的街區，常常可以在路上看到早期發展的軌跡以及整體規劃的街屋式樣。據媒體統計，全台的中正路共有 197 條，中正路大多為都市要道，路上常有大型廟宇作為當地的信仰中心，而廟宇附近也常緊鄰市場作為生活中心。廟宇在心理層面上滿足了人們的靈魂，市場則在生理層面餵飽了人們的肚皮。所以，當到一個城市不知從何開始漫遊時，建議你先找到中正路，再往周邊的巷子探險就沒錯了。

招牌最上方有著呼應店名的半圓形城樓圖樣。

66 復興路美甲店

類別
店舖

座落
桃園市桃園區
復興路

繪畫日期
2018.02.13

這間位於桃園車站附近的美甲店，招牌的誇張程度大概可以排進台灣前幾名。巨大又寫實的假手從建築立面向街道伸出，秀出五個指甲上華麗的指甲彩繪，直白的表達這是一間與美甲有關的店家，手指上戴著戒指，上方還綁了醒目的紅色緞帶，有一種要將這個商品作為禮物呈現給顧客的意味。

立面上選用了如雨淋板造形的裝潢，白色板子層層相疊，不僅利用光影製造出裝飾的效果，同時凸顯了巨手的華麗色彩。白色板子下方接續了紅色作為招牌主色，寫著大大的「QQ美甲」店名，呼應了巨手的紅色指甲與大紅緞帶。再往下看到綠底黃字的標示，寫著「手部保養」的服務項目。

這樣生動有趣的造形讓經過的路人都大吃一驚，成功達到了吸睛的效果，許多遊客經過會為之驚艷拍照紀念，也有許多畫友曾經不約而同地畫下這個有趣的畫面。

這畫面讓我聯想到大阪道頓崛商店街，類似的表現手法在商店街上比比皆是，每個店家都用巨大的裝置藝術吸引往來的客人。對於像我這樣不諳日文的遊客來說，光是見到門口的巨型食物裝飾，就可以知道店家賣的是什麼食物，在訊息傳達上也是非常方便。如果台灣的招牌能多一點這類的創意，應該也能為我們的生活增添一些樂趣與幽默。

67 林園便當店

類別
店舖

座落
桃園市桃園區
民權路

繪畫日期
2018.02.14

這間已停業的便當店，門前大大的圓形招牌由右至左寫著「林園」兩字，文字下方畫上黑色陰影增加字體的立體感，背後有著黃色條紋的裝飾線條。上方則搭配了兩兩對稱的招牌，綠與藍的配色讓色彩多點變化。右側的招牌看似因年代久遠，有水漬流下形成的茶色鐵鏽，而纏繞在建築本體的電線，讓方正的招牌多了流動的線條感。

大家是否觀察過路上的海報、DM、廣告，大多的排版方式都不出一個原則，就是畫面上主要分為「標題、內文、裝飾」三個部分。「標題」主要擔負吸引目光及第一時間傳達廣告訴求的功用；「內文」除了補充標題未提到的細節之外，通常位居配角，字體較小，造形也較單純，用來襯托標題的重要性；最後是「裝飾」，運用圖片、色塊或花紋可以讓畫面增添變化與整體性。

在這個街屋的招牌上，「林園」兩字是主要標題，因此做了最多造形設計；上方兩側牌子則擔任副標文字的作用，說明這間店在賣什麼，而主標文字底下的黃色塊面統合了幾個零散的牌子，使之產生整體的視覺感。我很喜歡這類早期的招牌，沒有過份的花俏裝飾，卻蘊藏了製作者的用心在其中。

台灣常見的藍色鐵捲門，方便又耐用，是店家的最愛。

68 許昌街襪子店

類別	座落	繪畫日期
店舖	台北市許昌街	2017.08.23

台灣的車站旁有個有趣的現象，就是聚集非常多的補習班。台北市南陽街約在 1960 年代開始，便有許多補習班出現，時間久了也帶動周邊產業，因學生的用餐需要聚集許多餐飲業，因此被稱為「補習街」。補習班如此蓬勃發展的狀況，反映出台灣教育上的問題，學生似乎始終沒有輕鬆過，考試分數似乎仍是評斷能力的唯一標準。

這棟街屋也在補習街附近，一樓是襪子店，二樓是髮廊，另外把一樓與二樓上方租給店家與廣告招牌使用，這樣的情況在台灣十分常見。有些人對於房屋外觀的美醜與否不太在意，他們認為利用房屋外觀作為廣告載體收取額外租金，發揮最大經濟效用才重要。

二樓上方有個紫色帆布的補習班招牌，與下方橘黃色招牌形成強烈對比，特別吸睛。右側紅色的髮廊招牌上有旋轉的霓虹燈，旁邊纏繞凌亂的電線形成疏密的線條感。騎樓前停滿機車，幾乎毫無空隙。機車族常為了擠出停車位，而去挪動他人的機車，相信許多人都曾有這樣的經驗。

離車站不遠處有間美麗的台灣博物館，日治時期稱作總督府圖書館，名建築家漢寶德在《人與空間的對話》書中提到，在當時，這棟建築是重要的地標性建築，面向著館前路，對面是台北火車站，這是巴洛克時代都市設計的重要原則，也是十九世紀都市美化的重要手法。當時的都市規劃是，出了車站便能直接看到遠處博物館圓頂，但因之後陸續增建的大樓使得原先相連的視覺感喪失。每每想到現在無法見到當初規劃的都市美學，取而代之的是一棟棟的高樓與令人目不暇給的補習班招牌，仍不免感到一絲遺憾。

69 館前路麥當勞

類別
店舖

座落
台北市開封街
館前路口

繪畫日期
2017.08.23

位於台北館前路與開封街交叉口的這棟大樓,原景的左右兩邊有延續的店面,我因畫面需求做了刪減,僅留下轉角這塊立面,以方便說明招牌在這棟大樓上堆疊所形成的特殊台灣風景。

這個街角位置有絕佳的地利條件,走進館前路必然會看到這個巨大的建築立面,因此成為商家的必爭之地,從下到上整個牆面被廣告招牌團團包覆,可說是「寸土寸金」也不為過。

街上的廣告載體總是花招百出,有將招牌綁在廢棄車輛停放路邊的廣告車,還有在機車上綁著招牌機動性遊走,甚至常出現在街角手持廣告牌的「招牌人」。招牌在高密度城市中是一種生存的工具,但對於美的要求常常是在填飽肚子後才有閒情顧及,在地狹人稠的城市中會產生這樣的畫面,似乎難以避免。

這樣的街景在許多人眼中或許不美,但換個角度思考,這些招牌對於不認識中文的外國人來說,只是不同顏色的色塊拼貼而已。在黃光男教授的《實證美學》書中曾提到,荷蘭名畫家歌賀內依(Corneille)先生來台北時,看到滿街的廣告招牌,認為這些圖像所交織的彩光是不可多得的現代藝術。如果將自己從在地人的身份抽離出來,用外地人的角度品味台灣的招牌,或許會出現不同的體悟吧。

70 館前路燦坤

類別
店舖

座落
台北市館前路

繪畫日期
2018.08.23

如同館前路麥當勞大樓一般，這棟醒目的大樓，也是被廣告意象整個包覆，但不同的是，這是由單一品牌包裝了整個立面。鮮黃色的大樓被夾在兩棟建築中間，彷彿是一塊被錯置的樂高積木，與兩旁的建築格格不入。這個品牌利用了整個大樓立面作為廣告載體，鮮明的黃色是企業標準色，當看到這個顏色，自然就讓人連結到這個品牌。

建築師張為平在《隱形邏輯》一書中提到類似例子，認為品牌成為城市景觀中最具統治性的因素，市民的審美、意識、生活方式……等等，一切皆受其主導。我們的生活中，無處不充滿這種符號性的視覺引導，商業設計所傳達的意識型態也不知不覺地涵蓋了我們的生活，並且使我們深深受其影響而不自知。

這棟建築前身是「女王漢堡」，面對建築左側的「站前大廈」在 1977 年落成，右側建築曾經是建國補習班與中華補習班，後來改建為 NOVA 資訊廣場，而在 2015 年則由現在的瑞典服飾店 H&M 進駐。

城市中的建築經過時間更迭，有些隨著城市發展有所變化，有些則因為某些原因而保留原貌，形成新舊共存的有趣畫面。我想，這樣的多元性與城市紋理的堆疊，或許也算是台灣特殊的風景。

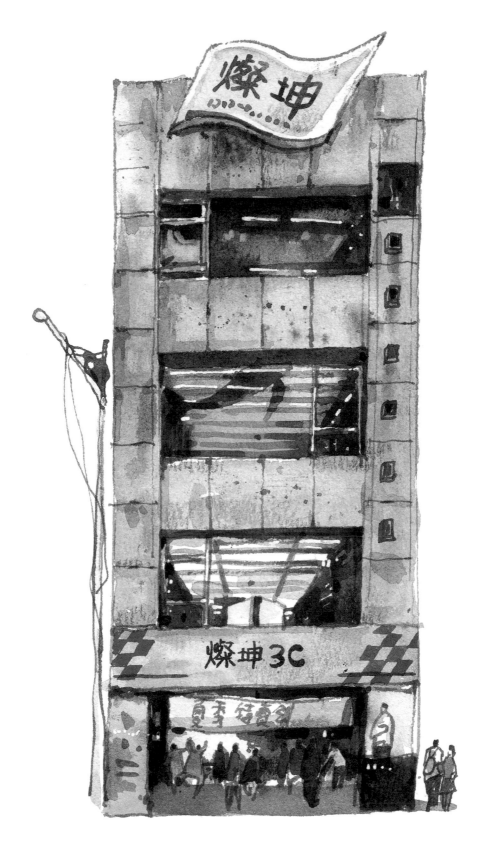

71

佐之味甜不辣

類別
小吃攤

座落
台北市龍泉街

繪畫日期
2017.11.01

位於師大夜市的這間甜不辣攤，攤位正面雖不大，但可以看出有非常多想傳達的資訊。店家用了無數個令人眼花撩亂的看板傳達訊息，彷彿新聞台的跑馬燈立體化，而當兩旁能張貼的空間已經無法負荷，又繼續往天空向上發展，形成了層層堆疊的有趣畫面。

大小不一的看板與帆布，形成多樣色塊與造形，甚至連遮雨棚都罕見地搭了兩層。這樣的畫面，頑強地在台灣的大街小巷中出現，展現的是在現有環境限制下所做的最大限度靈活變化。

店家在公用道路上擺放桌椅，部分招牌也以電線桿為支柱做固定，雖然佔用了部分公共空間，民眾卻不在意，這其中透露出充滿人情味的一面。這樣的攤位是一種柔性的介面，充滿可變性，當遮雨棚伸出時，雨棚下的空間便成為一種私人與公共性質並存的曖昧空間。相較於一棟棟剛性的建築，這些攤位像是流水般填補了建築中的隙縫，也像是植物依附著建築共存。

然而，這樣的畫面在現代化的趨勢下也正慢慢消失，取而代之的是集中式多層樓商場，每個攤位規格統一，雖便於管理與節省空間，卻少了些人性的生活感。

72 勝豐食品行

類別
店舖

座落
台北市迪化街

繪畫日期
2017.10.20

在城市中漫遊，除了建築之外，我也特別喜歡觀察招牌，從招牌的顏色、書寫的方向可以判別招牌的新舊。例如這家販賣粉絲的店面，最上方的招牌由右而左寫著「品質保證、寶島粉絲、冬粉湯專用」，而下方的招牌則是由左而右寫著「純綠豆、火鍋粉絲」，再加上上方的招牌褪色較明顯，應是較老舊的招牌。每回發現這個小小的不同時，總會在心中暗自的竊喜。

除了招牌的大小、前後放置形成縱深的空間感，這間老店外側照到陽光的物件普遍色調偏暖，而內部日光燈照射下則有偏寒的藍綠色光感，下方木箱更是讓整體空間多了柔軟的質感，形成一股與迪化街其他店面很不一樣的風貌。

迪化街是台北著名的年貨大街，早在 1851 年便有店舖出現，1910 年代日治時期實施「市區改正」，將這裡的街屋形式改為巴洛克式裝飾風格。迪化街不僅是大稻埕最早的市街，也是大稻埕商圈的核心，是台北現存最完整的老街。

沿著迪化街走會看到永樂市場，因早期日本人將大稻埕取名「永樂町」而得名，現為全台最大布料批發零售中心。一旁的霞海城隍廟是這一帶的民間信仰中心，據說單身男女來這裡拜月老，通常能求到好姻緣，怪不得總是香火鼎盛、信眾絡繹不絕。

73　裕新煤氣行

類別
店舖

座落
台北市華陰街

繪畫日期
2017.11.03

位在台北車站後站的華陰街，主要以服飾、鞋類、皮件、美妝批發為主，堪稱全台灣最大的批發集散地。這裡有許多老店，周邊也因鄰近台北車站開了許多平價的商旅，但近年消費者的購買習慣改變，許多人習慣在網路購物，對實體店面的生意無異是一大打擊。

相較於有著琳瑯滿目商品的批發店，這間煤氣行更吸引我的注意。這一個店面卻有兩塊招牌，不知道是不是店家將兩個店面中間牆壁打通，擴增成較大的店面。門前的透明塑膠門簾半開，店內掛著嚴禁煙火的紅色警告招牌。裡裡外外都擺放著一桶桶瓦斯，騎樓停放著兩台機車，柱子旁還有一台推車，都是老闆的載貨工具。有位男子悠閒坐在門前，也許是老闆在等待生意上門也說不定。

瓦斯行老闆的機車很有趣，後座都會加裝弧形鐵架並用廢輪胎包覆，自製出可以載運瓦斯桶的架子。每每將沈重的瓦斯桶從機車上卸下，「咚」的一聲撞擊地面，再將瓦斯桶傾斜以底部旋轉的方式移動，安裝完畢再回收已經變輕的瓦斯桶。這個過程對我來說，是童年時期的深刻畫面。但是現在許多人家中都已採用天然氣，這樣的畫面就不易見了。

74 麗福素食

類別
店舖

座落
台北市華陰街

繪畫日期
2017.11.02

這間位於華陰街上的素食店,經過時店家還未開店,從內部透出淡淡的光,照在老闆娘的背上,讓眼前這個畫面更加有戲劇張力。

店面寬度十分狹窄,在有限的空間裡,只要有一個攤車,外頭再擺兩套桌椅,便能夠做起生意。在租金昂貴寸土寸金的大都市裡,為了生存,人們總是能夠用盡方式去克服眼前的障礙。

門前兩張椅子,一張用紅白塑膠袋套了起來。紅白塑膠袋是我們日常生活中常見的符號,雖然平凡到幾乎常忘了它的存在,但也就像空氣一般充斥在我們身邊。另一張紅色塑膠椅則是喜宴辦桌時常見的元素之一,象徵喜氣的紅色,加上收納方便,成為台灣宴會上的常客。

左側藍色路燈上方有一個白色的禁停標誌,標示了騎樓與人行道禁止停車,店家則利用了下方空間掛上自己的牌子作為廣告使用。靠近立柱的部分堆滿了雜物與塑膠袋,一旁還用瓦楞紙板寫著「雅房出租」。從遠處看,雜物、招牌與電風扇像禮物般固定在立柱與路燈上,成了另類「聖誕樹」。

在城市中漫遊常會看到這樣的畫面,許多人認為平凡無奇,有趣的是,當外國人來到台灣,卻會覺得我們以為的無趣日常十分特別。其實,只要換個心情,對眼前的事物多一點想像,便能發現箇中奇趣。

75 鄉愁茶園咖啡

類別
店舖

座落
新北市淡水區
真理街與馬偕街
交叉口

繪畫日期
2017.11.10

這間位於淡水真理街上的咖啡店，正好在兩條路的交叉口三角地帶。這天，我們一群畫友來淡水寫生，覺得這個角度很有趣，便在對面的路口開畫。

這間咖啡店的外觀十分特別，二樓的加蓋用了些木頭材料，在色彩與質感上多一些巧思；藍白色的帆布很吸引目光，左側立面凸出的花架除了增加植栽空間之外，也增加了立面的造形變化。

我特別喜歡左後方狹窄的白色樓梯，可以通往二樓黃色小門，小門上方屋簷也是藍白相間，與前方色彩相呼應。

一樓開放式的吧台敞開，歡迎客人入坐，這樣的方式很像外國的酒吧，客人可以坐在吧台邊聊天邊看著來來去去的路人。在欣賞風景的同時，自己也變成風景的一部分。

畫完畫後，我們往咖啡店左邊的巷子走，鄰近許多商家賣著淡水最有名的小吃「阿給」，滿路招牌都寫著「唯一原創、原來的老店、總創店、創始店」，每間都強調自己是最老、最古早味的品質保證。

總之，對於阿給的味道我沒什麼印象了，倒是擁擠的人潮、仿若大戰搶灘頭般見縫插針的佔位法，以及在候位客人眾目睽睽下緊張吃完飯的經驗，讓我至今還餘悸猶存。

76

義方商行

類別
店舖

座落
新北市瑞芳區
逢甲路

繪畫日期
2018.02.08

一直以來對於瑞芳的印象，就是前往九份或平溪時的中繼站，加上瑞芳早期與金礦歷史的連結，讓這地方有種特殊的神祕感。

這天，搭了火車從花蓮出發，要到八堵轉車至基隆，行經瑞芳站時，臨時起意在關車門前跳下車，心想在這繞繞應該可以拍到不錯的相片。可惜天公不作美，除了冷之外還飄著小雨，走沒有多久鞋子全溼。在雨中撐傘行走實為不便，但為了觀察兩側街屋立面，只好捨棄安全又可遮雨的騎樓，在馬路上邊閃避車輛、邊拍照取景。

瑞芳街與逢甲路一帶，過去因採礦及鐵路設站而發展，曾是瑞芳最繁華的地區，如今雖已沒落，老街上也有許多房子翻新，但仍可從少數保存的老屋一窺過去的榮景。

這間「義方商行」就是這一帶最著名的建築物，曾是瑞芳礦業鉅子李建興的企業總部。建築為白與黃的基調，屋頂突出的水泥雨遮下有相連的拱形圖案與圓柱等裝飾元素。木造大門的門聯寫著：「義信常昭同人大有，方圓悉合奕世咸亨。」橫批：「義建仁經俱有方。」格子狀的地板鋪面，由兩種顏色拼貼成如棋盤的圖案。

商行名稱「義方」意指「合乎正義之理」，源自《三字經》：「竇燕山，有義方，教五子，名俱揚。」早期祠堂的堂號或企業商號名稱常引經據典，除了透露出主人的學養外，也蘊藏了對後人的期許與訓示，與現今流行雙關詼諧的招牌取名方式大相逕庭。

77 逢甲路二樓空屋

類別
空屋

座落
新北市瑞芳區
逢甲路

繪畫日期
2018.02.07

這間破敗的街屋似乎已棄置多時。二樓有個突出的陽台,植物已叢生長出水泥欄杆外;二樓的窗戶早已損壞只剩窟窿,連遮掩的木板都破爛傾倒。整棟建築上上下下寄生的植物張揚地蔓生,一樓則為了防止閒人進入,用鐵皮隨意遮掩,而鐵皮早已布滿咖啡色鏽斑。門前兩邊支柱上的土黃色磁磚因長期雨水沖刷與灰塵積累,形成多變的色彩。

這棟街屋和前文提及的義方商行同在逢甲路上,整條路上的老屋都有著相似的兩層樓樣式與外觀,然而,走過了相同歲月,義方商行如今看來仍維護得相當完善,但這棟街屋似乎逃不過被遺忘在街巷中的命運。

這種廢墟感很強烈的街屋,常被認為是城市的死角且毫無美感,但我特別喜歡廢墟,過去也常潛入廢墟探險,滿足一點內心想尋寶的野性呼喊。

廢墟有很強烈的生活感,透過前屋主遺留的物品,似乎可以遙想過去住戶的生活境況。藝術家姚瑞中在《台灣廢墟迷走》中說:「或許對我們而言,廢墟是一個萬劫不復的詛咒,但也可能是一個超脫的途徑,置之死地而後生的喜悅。」

萬物有生有滅,沒有什麼是恆久存在;現在光鮮亮麗的建築,在百年後也會成為廢墟。廢墟見證了城市的變遷,讓我們看到無常;廢墟雖然殘破敗壞,卻也象徵了一種未來的重生。

78 瑞芳車站前組合店舖

類別
店舖

座落
新北市瑞芳區
明燈路三段

繪畫日期
2018.02.07

走出瑞芳車站,發現對面的騎樓店面十分有趣。一般的店面一戶只會有一個店家,但這裡卻一分為二,左邊是飲料店,右邊則是毫不相關的銀樓。

飲料店的隔壁有個醒目的永和豆漿紅色招牌,銀樓老舊的招牌下方寫著另外販售的燕窩、茶葉、手鐲等物品,前方還擺放一台賣炸蛋蔥油餅的攤車。小小的一個立面就展現出無數種商業行為,大小高低的招牌錯落變化,也因為單一店面的空間縮小,招牌的比例顯得短胖許多,造形相當可愛討喜。

瑞芳車站是往平溪線的起點,若要去九份也可在此轉乘公車或租車。站在車站裡,可以聽到四周充斥著不同國家的語言;走出車站,對面便是商圈與美食街,人潮絡繹不絕。

過去所蓋的住宅,經過都市的演變與擴張後,用途上可能有所改變,原本適宜居住的環境也許會因為商圈的遷移或擴張變得不宜居住,或者是意外地佔據了極佳的地理位置使房價增值。

常會看到許多住商混合的建築,住戶將店面騎樓租給商家,騎樓前方還可以租給流動攤車,讓原本單純的住宅立面,如劃分地盤一般覆蓋了不同顏色與用途的招牌,形成一種「拼貼」的趣味,甚至讓整個城市彷彿成為一幅立體的大型拼貼作品。

79 星空草原接駁車站

類別
店舖

座落
基隆市暖暖區
八堵路

繪畫日期
2018.02.09

八堵車站前有間鐵皮加蓋的店家，前方掛著藍色的布條，寫著「星空草原接駁車站」。騎樓下堆滿了紙箱，一旁則用幾張壁報紙手寫一些價目，大大小小的方塊造形，或聚或散。橫跨建築的電線則破除了鐵皮重複性的直線，形成線性的交錯變化。

鐵皮建築普遍出現在台灣各地，幾乎不分南北、城鄉都可見到這樣的建築元素。孫全文在《都市建築與文化》中提到，起初是因建築法有條件容許屋頂加蓋遮雨或遮陽的透空式棚架，但大家索性將四邊圍閉起來，加上窗戶，作為室內空間使用，就成了現在的鐵皮違章建築。另外，台灣現代住宅普遍為平屋頂，在多雨的氣候下，水管無法負荷大量雨水，而鐵皮屋以斜屋頂的形式搭建，讓雨水自然滑落，解決了排水問題；再加上鐵皮造價低廉、施工容易、便於增建，自然如雨後春筍般大量興建，改變了都市景觀。

因此我們會常見到一樓作為店舖，而二樓以上用鐵皮加蓋作為住家的建築。會形成這樣的城市景觀，也反映出人們為解決居住空間不足所做的努力。從這個角度去看，鐵皮屋代表一種積極的生存意志，反映出人們在地狹人稠的環境中對空間的渴求，也凸顯了在經濟環境不佳的情況下，成本的控制會凌駕於美感之上。我甚至覺得，台灣早期對於美學教育的不重視，使許多人對生活美學無感，更間接造成了我們所詬病的城市景觀。

80　金華街鐵皮屋

類別	座落	繪畫日期
空屋	基隆市暖暖區金華街	2018.02.09

曾在花蓮服役一段時間，卻鮮少有機會北上到台北，而這次從花蓮搭火車到基隆，才知道原來要先到七堵或八堵站轉車。也是做了一下功課才得知，凡是有「堵」的地名，就是漢人早期拓墾時為了抵禦凱達格蘭族的據點。

八堵站到基隆的車班相當頻繁，車程只需九分鐘，所以我提著行李順道在八堵站附近取景。我從一旁的地下道往後站走，很奇妙的是，後站地下道的出口竟然與民家相連，一出來就看到站旁住戶曬了一整排衣物，這奇特的風景令人莞爾。

後站周邊是一般民家，旁邊有一些田地，因為下雨的關係，久久才看到行人。我在小巷中遊走，沒多久就走到死巷，兩旁有許多傾倒的平房。位於後站出口附近小巷的交叉口，有個看起來像堆雜物用的鐵皮屋。它的正面以廢棄廣告招牌拼湊遮蔽，招牌有大有小，書寫的方向正反不一，帶有一股拼貼的趣味。一旁的電線桿下方黃與黑相間的配色，是一般常見的工業及交通的警戒色，而後方茂盛的芭蕉樹，其生動的葉片造形為鐵皮呆板的線條增添變化。這不禁讓我猜想著，屋主是如何把這些板子拼出一個遮蔽所，而裡頭究竟裝了些什麼？

81 天儀鐘錶眼鏡行

類別
店舖

座落
基隆市孝三路

繪畫日期
2018.02.10

印象中，基隆一直是多雨的城市，這次來訪依然飄著細雨。基隆車站是個嶄新的建築，在 2015 年啟用，龐大新穎的站體與一旁老舊的街道形成一種不協調的對比。

一出車站，我先到旅館寄放行李再出門取景。完成 check in 手續後，走到四樓房間，因為「四」與「死」諧音，我的樓層實際標示著五樓。房間裡有種雨都特有的潮溼氣息，與樟腦丸混雜出一股老舊的氣味。天花板在關燈後還會亮起許多綠色螢光星星，偶爾住到這種旅館總多了些懷舊的情懷。為了把握黃昏前的陽光，我穿回溼透的鞋襪趕緊出門。

在小巷中亂繞時，瞥見了這間鐘錶眼鏡行。藍底與紅底的大招牌搭配上白字，色彩鮮明強烈；招牌上寫著大大的「天儀」兩字，有「上天的法度」之意，加上「儀」字有「標準、儀器」的意義，用來作為鐘錶店名也十分適合。騎樓前方停放著數台機車，一位穿著雨衣的太太正打開機車車箱取物，一旁還有個綠色的垃圾桶，這看似十分平常的畫面卻有著濃濃的台灣味。

其實我始終有種疑惑，不知為何許多店家往往同時經營「鐘錶」與「眼鏡」，就像「印章」與「鑰匙」會連結在一起一樣。我在各縣市漫遊時，到處都出現這樣複合式經營的店舖，顯然是全台的普遍現象，也令我感到十分有趣。

82 大華餅店

類別	座落	繪畫日期
店舖	基隆市愛四路	2018.02.10

漫步在基隆的巷弄中，發現道路名稱有許多以「忠孝仁愛」為字首，如忠一路、愛一路……但我查閱地圖，一時卻也理不出路名的規律性。這一帶陸橋下有各式各樣的店家，各種顏色的招牌透著微光，在夜晚似乎有種異國情調。橋下有頂作為遮蓋，有立柱作為支撐，雖然橋上車行的噪音及振動使這裡不適合居住，作為店舖倒是極佳的空間利用。走進陸橋下的便道，緊接著是一條可供一人通行的小橋，橋下是湍急的流水，抬頭則可看到上方陸橋與相連的橋墩。鐵皮隔成的店舖、小橋、住家與陸橋緊密地融合堆疊，顯示出在地人對生活空間的渴求。

這間餅店位於愛四路上，是八十年的知名老店。靠店面外側招牌寫著「大華糖菓商店」，內側的紅色招牌才寫著大家熟悉的店名「大華餅店」。天色已暗，店舖外側光線逐漸黯淡，店內的光線穿過往來的人群由內透出，彷彿篝火透過圍繞跳舞的人群閃爍，有著忙碌熱鬧的感覺。

騎樓前方堆著一箱箱黃色的台灣啤酒箱子，黃色箱體上印著綠色字，這樣的配色早已植入人心，是一股在地生猛的台灣味，彷彿還能聽聞划酒拳的吆喝聲。在多雨及炎熱的台灣，騎樓提供了舒適的行走與購物環境，但店家常會將貨物或攤位延伸到騎樓，靠內側留下通道供行人過路。這種既像私人又像是公共空間的應用，常讓我覺得騎樓是個很有意思的空間。

門口堆疊的箱子是黃底綠字，這是台灣啤酒
最經典也最讓人熟悉的配色。

83 孝三路巷內空屋

類別
空屋

座落
基隆市孝三路

繪畫日期
2018.02.11

基隆的小巷裡別有洞天，幾條大路中間都有巷子相通，裡面有許多住戶和店家，住家二樓往往用鐵窗增建了陽台的空間，兩側凸出的陽台幾乎要碰在一起，站在巷子裡抬頭看，天空彷彿是人造的一線天，陽光也難以進入。這也不禁讓人擔心在這樣擁擠的空間下，人的心靈會不會容易受到壓抑？人與人之間會不會更容易產生摩擦？

晚上在巷弄中遊走，發現兩旁有幾間白色平房，大大的窗內亮著桃紅色的燈光，向外敞開的窗口站了兩位大姐，在很冷的天氣穿著清涼，一邊揮手叫我「勾勾」，害我緊張地快步離開。這一帶有許多小吃部，在天未暗時就已經充滿生氣。我想到曾經在大阪某個商店街上看到許多居酒屋，才下午四點多，每間店都傳出了歡唱與吆喝聲，有些喝得醉醺醺的男人，西裝都還沒穿好，一邊搖搖晃晃在門口和居酒屋內的老闆娘道別，接著又馬上走進了隔壁的居酒屋續攤。

夜晚靜謐的巷子與道路上熱鬧的攤販形成強烈對比，巷子裡老舊的店家招牌透著光，正好提供了暗巷的照明，讓惴惴不安的我感到一絲放心。

走進一條小巷，昏暗的路燈底下有間空屋，牆面漆著藍色與紅色，門前用鐵皮浪板遮掩，一旁還堆放了許多雜物。鐵門上掛著一塊大大的「售」字，不同的材質物件與色塊堆疊彷彿是無意形成的裝置藝術。不知道這個店家前身是何種行業？酒吧？還是熱炒？而老闆又是在什麼心情下將牆面漆成紅色與藍色？雖然永遠不會有答案，但透過這些想像，彷彿讓這城市多了些人情味。

84 忠三路東方美早餐店

類別
店舖

座落
基隆市忠三路

繪畫日期
2018.02.11

一早出門覓食,經過一間早餐店,店內的日光燈管照在淡綠色的牆壁,反射出一點綠色的光,一旁的招牌字體已經有點斑駁,遮雨棚則有著紅白綠相間的色彩裝飾。門前除了顧客的機車之外,還有店家的垃圾桶、棧板、鋁製流理台。

早餐店對不同地方的人來說,可能有不同印象。在我印象中,南部的早餐店較大間,有許多用餐空間,甚至有些店家以早午餐為主打,走高價精緻路線,希望顧客享受店內的氣氛與裝潢;相對的我感覺北部生活步調較快,店內用餐位置往往很少,許多顧客以外帶為主。

台灣的早餐店有中式與西式之分,中式提供了包子、饅頭、燒餅、豆漿之類的食物,西式則有漢堡、吐司,蛋餅、紅茶等選擇。幾次出國的經驗,對於國外的早餐總無法習慣,不出幾天就懷念起最愛的蛋餅。

當然,台灣的早餐種類繁多,選擇性也很高,甚至許多人習慣一早來碗熱湯,搭配類似正餐的飯菜,飽餐一頓後才有充沛的精神體力面對工作。這讓我想起作家焦桐在《暴食江湖》中提到早晨的一碗虱目魚湯「有種神祕的力量,為每一個早晨注入生命力,鼓舞我、召喚我打起精神面對新的一天」。可見早餐對我們來說是多麼地重要啊。

85 立昌商店

在基隆車站附近的巷道中遊走，可能是因為道路寬度較窄，有些路段規劃成單行道，但車流量太大，雖然做了方向管制，仍令人覺得十分紊亂，加上當時有些道路施工，讓原本就壅擠的道路顯得雪上加霜。

我在路上撐著傘一邊閃避著車輛，一邊在騎樓與道路間穿梭。騎樓是個特別的空間，正好介於室內與戶外的中間，既連接室內又對外開放；既是戶外卻有遮蔽的走廊。

繞到每次必來的廟口夜市，因為天雨人稀，想吃什麼馬上就有，完全不需要排隊。攤販上方都有標示編號，旅館櫃檯在我出門前給我一張簡易自製地圖，標示出推薦的店家編號。夜市外圍群聚著各式各樣攤販，他們無法進入廟口的蛋黃區擺攤，但為了生計，時間久了也慢慢形成現在的樣子。

晃到孝一路上，發現這間雜貨店內掛滿商品，後面的櫃子放著各式各樣調味料，門前則堆著各種成箱貨物。我很喜歡這樣的畫面，雖然乍看之下凌亂，但其實亂中有序，其中門道只有老闆最知道。

店門前停放著一部機車，後座加裝了可載貨的支架，一旁還有一張木椅，也許是為了作路障用，也可能是讓老闆顧店時可以坐著歇息。在諸多超市崛起後，這樣的店家也許漸漸在凋零，但那濃厚的生活感，現代化超市或商店卻難以取代。

東台灣及外離島

宜蘭▸花蓮▸台東▸澎湖▸金門

觀察街屋時,
我常以屋主的角度去同理與揣想。
偶爾觀察房子不起眼的細節,
想像屋主的用心與顧慮,
也是一種值得玩味的旅行樂趣。

86 武營街角打鐵舖

類別	座落	繪畫日期
店舖	宜蘭市武營街	2017.11.09

這間位於街角的打鐵舖，門前的鑰匙攤及一旁吊掛的刀具吸引了我的目光。建築上深淺不一的色彩漸層，說明這房子年代久遠；屋簷的遮陽帆布有著藍白相間的色彩變化，是台灣街道上常見的元素之一。另外有趣的是店面的開口方式，像切蛋糕似地把原來街口轉角處的直角切下，將開口設在原是街角的位置，有利招攬客人，同時能讓店家眼觀四面。

農業是宜蘭的重要產業，早期沒有大型耕具可使用，手持農具的需求十分普遍，「打鐵」遂成為興盛的行業，因此宜蘭有一條傳統的「打鐵仔街」，原名「武營街」，據說是因早期有清兵在此駐紮練武得名。打鐵街在興盛時期有多達十幾間打鐵舖，每間舖子的師傅和學徒動輒七、八人，街上處處聽得到打鐵聲。

大約在民國 70 年代，大型自動化農業機具日漸普及，手工農具的需求量相對減少，自然大幅衝擊了打鐵舖的生意。現今雖然打鐵的本業仍存，但多數兼作開鎖，許多打鐵舖門前都有一個開鎖的小攤子。打鐵對於老師傅來說，與其說是個「工作」，不如說是一種對傳統的「堅持」。

在凡事習慣快速的現代社會，傳統工藝漸漸失去光采，似乎只能消極地提倡保存或技術演繹。但有一回我在台南信二竹店與老師傅聊到傳統產業的窘白，老師傅認為：「沒有夕陽產業，只有夕陽態度！」重要的是靠自己轉型，讓傳統技藝與當代文化結合，或許，這才是走出新路的積極態度。

87 舊城西路小巷磚屋

類別
空屋

座落
宜蘭市舊城西路

繪畫日期
2017.11.20

這個街屋是傳統閩南粵東式建築，磚木結構，房屋正面中央有一扇門，正門損壞傾倒，左右則有對稱的木作窗戶。上方屋瓦著生了一些綠色植物，甚至從破損的屋頂透進一些光線。即便如此，仍掩不住原來建築樸素對稱的美感。

我特別喜歡門前吊掛的衣服，這些衣服應是一旁住戶運用這個廢棄空間所掛的。衣服透露出一種生活感，而透過觀察衣服的樣式，樸素、時尚、破舊與否，同時可以猜想住戶的個性與生活態度。

這間街屋位於小巷中，距離大路有一小段距離。我很喜歡走進不知名小巷。通常大路有快速的移動感，而小巷則是緩慢的。在小巷中，感覺可以慢慢觀察住戶生活的細節，在大路上卻沒辦法，有時要閃避來車，有時則是因為交通載具速度較快無暇觀賞。載具不同，閱讀城市的經驗就不同。

我自己也常有這樣的經驗，在屏東生活了三十年，卻從未好好觀察自己的城市，但當刻意慢下來步行時，似乎更能發現許多從未注意過的風景。當可以「快」，卻選擇「慢」的方式移動，也許是一種心境的轉變。有的朋友甚至用手機計算每天的步行數，除了有成就達成的趣味，也達到運動的效果，何樂不為呢？

88 明禮路輪胎盆景空屋

在我軍旅生涯中，花蓮佔了十分重要的位置，而我對花蓮的第一印象，卻是美崙山公園的米老鼠，或許是因為它的造形太山寨，並且似乎永遠漾著奇怪的笑容在公園入口向你招手。台灣早期很流行用鋼筋水泥在公園或是觀光景點塑出一隻隻動物，但往往製作比例不正確或塗裝不夠細緻，最後呈現出來的作品有點像小孩塗鴉的立體版。不過這樣的公共藝術現在看來卻有點本土感，令人會心一笑。

來到美崙山公園附近的明禮路上看街屋，發現這間位在交叉口的廢棄房子，主要的騎樓開口面對馬路，是個很醒目的商業位置。

二樓加蓋的鐵皮棚架前方沒有遮蔽物，棚架下堆放了許多雜物。一旁紅底白字招牌，密密麻麻寫著租屋資訊，主要的標題「套房長短租」字體較大，方便有需要的客群停駐細看相關內容。房屋右側則有個白色招牌寫著「檳榔冷飲」。

這棟大門深鎖的屋子，門邊還有個「售」字，也許已經放置一段時間了。屋前放了許多廢輪胎，重疊起來套住盆栽，或是加入水泥或土來造景。但我猜想，也許輪胎除了造景，也有避免來車意外撞擊的功用。右側的植被爬滿側邊，整個房子就像隱身在森林中，為街屋增添了一些綠意。

89 欣興鎖店

類別
店舖

座落
花蓮市中山路

繪畫日期
2018.02.15

這家鎖店位在兩條小路交叉口所形成的一個畸零地上，是用鐵皮搭建出可遮風避雨的小小空間。這地點面對寬闊的中山路，特殊的外觀頗令人玩味。

鎖店外掛著大小不一的招牌標示，符號性的鑰匙及印章是鎖店必備的裝飾圖樣，屋簷下方還掛了紅色布幅，寫著「汽車晶片配製」，除一般傳統的鑰匙之外，現代的汽車遙控鎖鑰配製，也在服務項目中。淡綠色的鐵皮搭配黃色招牌與紅布條，營造出小店外觀的豐富色彩。攀爬在街屋上的植物像蛇一般形成 S 型，讓這間小小店面成為一個精彩的櫥窗，吸引著過路人的目光。

城市中常有些地主因應都市計劃，將原有的畸零地做最極致的利用，在都市的罅隙中活用剩餘空間，反倒有別於綜合商場的統一外觀，發展出專屬個人的店舖特色。這點也反映出民間強大的生命力，讓這樣的空間視覺出人意料，也因此使人感到驚喜。

這條路還可以通往花蓮有名的「蔥油餅街」，美味的炸彈蔥油餅就在這裡。回想起我當年在花蓮當兵時，每次經過這裡都是大排長龍，雖然我只吃過一次，卻至今仍回味無窮。下次有機會造訪花蓮時，不妨特地前往一試，嘗過之後或許也會成為主顧唷。

美旭商行

類別
店舖

座落
花蓮市大禹街

繪畫日期
2018.02.06

大禹街這一帶是我過去常逛的地方，這裡有許多店家形成夜市一般的商圈。這一帶有好吃的「公正街包子店」，還有我很喜歡的「舊書鋪子」，有時我也會到民族風的「13 盧比」看看。這裡還有花蓮知名的焦糖包心粉圓，這美味讓我非常懷念。有趣的是兩間不同名稱的包心粉圓比鄰而立，在地人學弟告訴我應該吃某間，他說當地人都吃那間，我兩間都試過，果然學弟所言屬實。

這間美旭商行是位在大禹街上的制服專賣店，正面主要招牌周邊以紅色作為邊框裝飾，左側則另有一面旗子充當招牌使用。門前可以看到掛滿花蓮當地各校制服，例如新城國中、海星國中、忠孝國小等等，此外，店內還有販售一些軍人的臂章。花蓮這一帶有不少國防駐軍，休假時常會到這裡採買或修補軍服。

店門前有活動衣架及裁縫機。許多店家常自發性地將公共空間的一部分納為己用，到打烊時再把戶外的架子或用具收進店內，公共與私人空間的界線實在難以明顯劃分。多數人對這樣的狀態似乎不太會嚴肅看待，或許是對這種情況習以為常了吧。

傳統制服專賣店總是會在門前掛起當地各校的制服和運動服。

91 明心街淡雅空屋

類別
空屋

座落
花蓮市明心街

繪畫日期
2018.02.06

每次從屏東搭自強號到花蓮大概要五個小時,雖然看似很久,但我滿喜歡這樣在火車上放空的時刻,可以看點書,看累了就睡。東部的火車相較於西部來說較為不便,尤其是逢年過節時,搶車票就如同搶五月天演唱會門票一樣困難。記得當時部隊為了協助連隊弟兄買票,在火車票開賣當天會派「公差」到網咖協助訂票,而休年假前,要確認每個人手上都有來回的車票,避免收假時因買不到車票而造成逾假的狀況。

這間距離車站不遠的街屋位於明心街一帶,外觀有些殘破。房屋周邊長滿了雜草。即便如此,還是可以感受到整棟屋子的別致設計,那淡雅的配色,每天看著都會讓人心情安定。

居住處與生活環境的色彩會影響人的心情。試想看看,如果把房間都漆成黑色,心情是否會感到沉悶壓抑?許多國家將監獄或拘留所內部漆成粉紅色,就是因為粉紅色具有鎮定人心的作用,能成功降低暴力事件發生。另外像是京都對於招牌與建築外觀配色也有嚴格規定,甚至進駐的大品牌都要配合這個規範來調整品牌的標準色。

我們常會覺得街景太過混亂,除了造形的影響之外,很大的原因是衝突的配色。如果環境中的配色能趨向中性,也許整體視覺會讓人感到舒服許多。

92 香人拉麵店

類別
店舖

座落
花蓮市中正路

繪畫日期
2018.02.06

軍旅生活十年中，花蓮就佔了三年半，因此每次講到花蓮常會用「回」花蓮這個字眼，某種程度上已經像是我的第二個家鄉。當時在花蓮休假的時候，常自己騎著機車到處亂繞，北至太魯閣，南迄壽豐，許多景點都造訪過了。有時還會到時光二手書店坐坐，或是到舊鐵道商圈一帶散步。

這棟街屋便是位於花蓮的鐵道商圈內，在夜晚的燈光照射下，整棟建築籠罩在一片黃色的色調中。屋頂以鐵皮搭建，斜屋頂設計有助於排水。鐵皮屋簷的邊緣一圈是紅色，使屋頂視覺上有整體性，而屋頂上方的水塔、招牌與照明燈則讓天際線多了變化。

畫面的右側是主要出入口，屋簷的部分則導入日式建築的意象，以日式屋瓦呈現。房屋前方設置一個小窗，也許是裝飾，或者是供外帶客人方便點餐，一旁還有一張小板凳讓等待候位的客人休息。上方屋頂的三角形空間則當招牌使用，屋頂上加設一盞燈加強照明。左側立面因為是次要面，燈光較為昏暗，許多雜亂的支架、梯子還有冷氣分離器則藏匿在這裡。

觀察街屋，除了帶我聯結到過往生活記憶之外，我也常會以經營者的角度去思考，假想自己如果是老闆，會希望怎樣凸顯店面外觀特色？怎麼吸引路過的客人？這也算是我漫遊街屋時的另一種特殊癖好吧。

93

阿伯小白屋

類別
空屋

座落
台東市中正路

繪畫日期
2018.02.03

這間位於台東的白色屋子，現址原為海防哨所。屋主李文昌老先生當時在哨所擔任海防班哨士官長，在哨所廢除後老先生也隨之退伍，因不忍離去，便開始撿拾廢材搭建，就這樣補補貼貼蓋了四十年。

李老先生在 2017 年 1 月 7 日過世後，隨著報章雜誌的報導，讓這間海邊破屋開始有了「台版霍爾移動城堡」的稱呼，成為遊客爭相拍照打卡的新景點。

這間房子主要以一根大樑為中心，增建成一棟外觀四層樓高的建築，全靠李老先生獨自搭建，這樣東釘西補的房子竟也撐過了大大小小的惡劣氣候與地震，大家認為這簡直是台灣建築史的奇蹟。

小白屋用許多建材縫縫補補，鋼筋露出、大小不一的木板參差釘在一起作為牆面，房屋整體色調以白色為主，因此被眾多網友稱為「小白屋」、「白色陋屋」或「阿伯小白屋」。

這讓我想起我們小時候也會到處撿一些廢材料，隨便拼搭出自己的祕密基地，常和朋友躲在裡頭玩得不亦樂乎。這樣的建築在我們眼中不算典型的美，但它奇特的外觀與格局更讓人感到神祕與好奇，總想從破掉的窗戶往內窺看究竟。

94 仁愛街圍牆空屋

類別
空屋

座落
台東市仁愛街

繪畫日期
2018.02.04

過去曾在花蓮服役，偶爾因為單位機動移防，要把軍車用火車走東部幹線載運到新營，壓運的過程就叫「壓鐵皮」。我曾因此在台東車站過夜，所以有過睡在火車上，並陪同台鐵人員走在石頭上檢查車輛是否固定好的特殊經驗，這也是我對台東的特別印象。

這天難得在台東街頭遊走，並未發現十分華麗的街屋，但仁愛街上這棟街屋卻深得我心。這間屋子明顯已無人居住，門前堆滿了廢棄的冰箱、大型電器及幾部機車，大型廢棄物的後方是一堵圍牆。圍牆裡，房子的二樓有一扇門，但是門外卻沒有立足之處。我猜想過去應該有陽台，但已經被拆除了。

圍牆的上緣用紅色鐵欄杆加高，作為防盜之用。早期的圍牆有許多防盜的作法，有些人會加裝鐵絲網，或以鐵釘倒置在牆上，最令我印象深刻的是以碎玻璃固定在上緣防止宵小攀爬的設計。

屋前的機車則是很在地的意象。幾次出國的經驗，發現在國外滿少看到這類不需打檔的塑膠殼機車（scooter），反而打檔的摩托車（motorcycle）較常見。當我們看到這類機車會有種親切感。有一位法國畫友曾問我，為什麼我會把機車畫進作品中。我說，機車是當地的符號，也是時代的象徵，因此我不排斥它的存在。將這個符號記錄下來，反而會令人產生更多共鳴與在地感。

95 中華會館臺東分社

類別
會館

座落
台東市中正路

繪畫日期
2018.12.27

走在台東市的中正路上，發現有一間白色典雅的建築夾在兩棟透天厝之間，顯得格外醒目。房子的外觀是兩層樓的巴洛克式建築，仔細觀看一樓大門有個突出的雨遮，上方則嵌著「臺東分社」匾額；二樓有四扇弧形的拱窗，上方皆有拱心石，中間的圓形山頭則有中國國民黨徽與稻穗的裝飾，下方寫著「中華會館」四個字，是這棟建築立面中裝飾最華麗的焦點。

這間中華會館在 1927 年便建立了。當時是作為華僑的聚會所，也為無力謀生者提供食宿，還有為鄉親治病或介紹工作等服務。當時名義上是華僑聚會點，但實際上也作為抗日者的聯絡中心，可說是相當有歷史背景並能連結在地情感的建築。這也是目前全台僅存的一間中華會館。因此，在 2002 年台東縣政府就將其公告為歷史建築保存下來。

在搜尋早期資料時發現，2009 年當時的門楣上方還嵌著「臺東縣臺灣省光復運動同志聯誼會」的長方形匾額，二樓的四面窗也以木板封住，由右至左分別以紅色油漆寫著「忠孝、仁愛、信義、和平」的大字。在整修過後，這些歷史元素都已經抹去，僅剩門旁嵌有 1984 年「臺灣省光復運動同志聯誼會臺東中華會館史蹟」的碑牌，默默地敘述著這棟建築過去的歷史。

96 仁德街鐵皮屋

類別
空屋

座落
台東市仁德街

繪畫日期
2018.02.04

台東最知名的百年古廟是埤南天后宮,是當地重要信仰中心,每年元宵節舉辦的「諸神繞境」與「炸寒單」慶典活動更是遠近馳名。這天參觀完天后宮,我走進一旁的仁德街漫步遊走。

街上這個廢棄的鐵皮屋,前方堆疊傾倒了一堆鐵架,一旁植物隨著鐵架攀爬而上,讓造形彷彿變成一棵大樹,看來這間鐵皮屋已經棄置一段時間了。

街屋左側的鐵架被充當花架,上頭掛著盆栽,前方則有幾個保麗龍箱子盛土栽種植物,兩扇藍色的鐵捲門因前方樹叢與鐵架而產生了造形上的變化,讓原本單調的畫面增添些許趣味。廢棄的綠色機車丟棄一旁,還有些垃圾與水管放置在機車上。

我喜歡讓作品畫面中出現交通工具或生活用品,這些元素都會令人產生生活上的聯想,想像著屋主當時是怎樣使用這些用具或物品。每當腦中浮出這些畫面,眼前的雜物似乎就多了一點溫度,而不再只是廢棄物或雜物了。

這類畫面還象徵了一種破敗與蕭條感。我猜想或許是之前的店家因客源減少、經營不善才關閉,之後很長一段時間沒有人進駐,才讓這個空間持續閒置著。雖然我的猜想太過主觀,不過這樣的畫面相對於寸土寸金的都市區很難看見,是否反映出的是一種城鄉差距呢?

97 海馬計程車行

類別	座落	繪畫日期
店鋪	澎湖縣馬公市建國路	2017.12.20

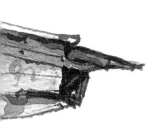

記得第一次去澎湖是高中，當時學校宣布不辦畢業旅行，我們導師霸氣地決定全班自費去澎湖玩三天。雖然對於遊玩過程的印象有些淡了，忘不了的卻是澎湖炙熱的陽光，還有一次驚險的搭船經驗。

澎湖每個小島中間都要用遊艇通行，我們通常上了船就會跑到船首，隨著海浪起伏感受乘風破浪的刺激感。記得是離開七美島時，我們一上船就直奔船首。開船後，海浪比想像中大，船首居然在幾個浪後整個插進大海裡，我們嚇得緊抓著欄杆不放，還有同學差一點被大浪捲走。這一瞬間發生的事，讓我們全身溼透、狼狽不堪，這也才乖乖聽船長的話紛紛離開船首。

這次則是在陸地遊走，看到這個造形奇特的計程車行。海馬車行位於澎湖城隍廟前，光明路與建國路的交叉口，最有趣的地方是它突出的屋簷，從側面看來誇張地形成一個「C」字。我刻意將計程車畫在右邊，使畫面增加平衡感。

車行也同時兼營冰果室，上方白色招牌以藍紅綠色寫著販售品項，有各種新鮮果汁；冰箱裡擺放五顏六色的水果，玻璃上結了一層霜，讓處在炎熱澎湖的旅人，光是看到就暑意全消，很想痛快喝上一杯。街角的冰果室也常是眾人聚會、等待朋友的好據點，與計程車行做結合似乎也毫無違和感。

98

菓葉村硓𥑮石屋

類別
空屋

座落
澎湖縣湖西鄉
菓葉村

繪畫日期
2017.12.21

走在菓葉村，發現許多房子早已傾倒無人居住，整個村子安安靜靜。這間用硓𥑮石搭建的小屋，木製門板已經破損，屋主似乎這樣放置了一陣子，也許是透露出裡頭沒有貴重物品，又或者是表示居民對於當地治安十分安心。

一旁的藤椅讓我聯想到，也許有個老人常坐在椅子上發呆或與鄰居聊天；藤椅旁有個保麗龍浮球，這是當地常見元素，還有許多人家用浮球做出有趣的裝置藝術。右側石牆以紅磚做出紅色飾帶，在這個小地方展現出建造者試圖加入美化的元素。

這個石造小屋沒有屋簷，我猜這是為了減少風阻的「因地制宜」做法。當我走在馬公市街頭，發現有個特別的現象，就是招牌大多貼著建築立面，即便突出牆面，面積也盡量不做太大。我猜是因為澎湖風大，相對也影響了招牌的樣貌。

從建築的材料與樣貌可以理解當地人為生活做了哪些奮鬥與努力。每每去探究建築為何會設計成現在的樣貌，總會發現早期設計師的巧思，對於先人的智慧更深深感到佩服。

硓𥑮石即珊瑚礁岩，是澎湖
早期傳統屋舍的主要建材。

99 西溪村火龍果石屋

類別
空屋

座落
澎湖縣湖西鄉
西溪村

繪畫日期
2017.12.22

想到澎湖的建築,我腦中第一個聯想到的是「硓𥑮石」。2017 年底,我去了一趟澎湖,在村莊常會看到田地旁有用硓𥑮石堆砌而成的矮牆,這些矮牆叫做「菜宅」,顧名思義就是蔬菜的房子。澎湖在十月到三月期間東北季風強烈,加上地形無可做為屏障的高山,為了保護種苗,因此產生了菜宅這種防風設施。

澎湖的許多民居旁會有類似圖中的建築,主要作庫房使用。上頭沒有華麗的裝飾,外型樸拙,結構堅實,屋簷為了防止強風掀頂,設計得較短。因建材主要是石砌再填以灰泥,並且取之於當地,經過長時間風吹雨淋後雖有部分崩塌,卻似乎只是回歸自然與現地融為一體,成為一個小土堆,上面長滿雜草。還有許多建築的屋頂長出火龍果,三角形的柱狀莖如梅杜莎的頭髮般四處攀爬,成為澎湖民居特色之一。

李乾朗教授在《圖解台灣民居》提到:「澎湖的主要建材為石、磚、蠣殼灰、瓦與木材,石材主要為當地所產海石及山石,磚瓦皆來自閩粵或台灣,木材則來自閩粵或南洋。」因為澎湖土質不適燒窯,因此磚多來自漳泉,而現代多以水泥空心磚替代之,因此澎湖聚落常呈現一整片的灰色。

100 金門攝影社

類別
店舖

座落
金門縣金城鎮
莒光路

繪畫日期
2017.09.14

我在 2005 年畢業後便到金門服役，剛到金門，對任何事物都感到十分新鮮。道路旁的草地可以看到黃牛在吃草。蘋果日報因外島運費的關係一份要 18 元，卻永遠是最先被掃購一空的報紙。在金門的小巷裡藏著沒有招牌的「食堂」，台灣常在說的「金門炒泡麵」，最初是在這樣的地方吃到的。

金門的冬天很冷，有時冷到要穿兩件衛生褲，很佩服需要值夜哨的弟兄，當時多少也會聽到弟兄口耳相傳的鬼故事，為軍中的生活增添一些神祕感。即使事隔多年，想起當時的點滴仍是歷歷在目。

這間攝影社騎樓內部地面是草綠色的磁磚，中間則有一個圓形的拱門，牆面上則掛著一些老舊相片。上方最大的牆面用來作為醒目的招牌，以水泥做了一個立體的金門造形，正好呼應了店名；上方還有一匹馬，也許是象徵一種躍起的積極意義。招牌牆面主要漆成藍色，象徵海洋，且因年代久遠表面有許多斑駁與褪色。早期因為沒有電腦印刷，許多招牌都是手工製作，手寫的文字還能感受到老師傅運筆的筆觸力道。這樣的招牌對我而言是一種發揮巧思的藝術創作，充滿了溫度。

早期相機不普及時，拍照通常是很重要的儀式，例如拍攝全家福、結婚照、證件照，每次要進攝影社，心情應該是嚴肅而謹慎的。也許是為了因應這樣的心情，招牌字型選擇了古樸莊重的隸書，藉此傳達店主對於「攝影」這件事情的重視。

附錄 1 我的街屋記錄過程

　　記錄這些街屋前,我通常是先鎖定要記錄的城鎮。我不會事先設定要去哪些景點,僅先蒐整好文獻與網路資料。有時,我會先在速寫本上繪製該城鎮的地圖,並對該地風俗民情及生活聚落型態做初步認識,到了現場再開始「尋寶」的樂趣。

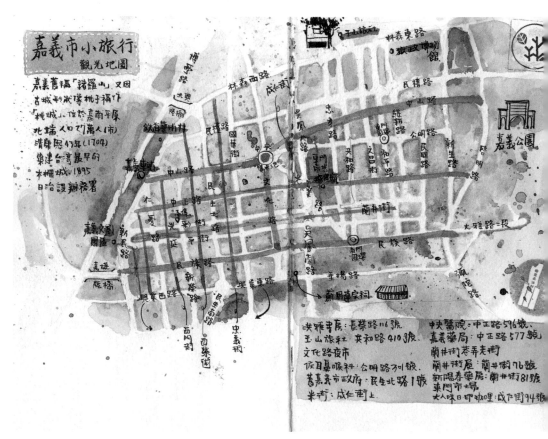

我在前往某地記錄街屋時,有時會先繪製該地的地圖。這是我拜訪嘉義市之前手繪的地圖。

現場取景

　　選定好要記錄的地點後，我會堅持到現場取景。因為拍照取景及對象選定，也是構圖及創作的一環，無法從網路上取得，親自到現場感受，才能依日後創作的需要來取景。

　　但拍照最常遇到的問題是，相片中的物體因鏡頭的關係產生過度的透視變形。為了避免最後的作品也有變形的問題，我會在現場做簡單的速寫草稿作為未來構圖的輔助，或是參考相片繪圖時，主觀地將「下大上小」的透視感減弱，使畫面呈現「平視」角度。這是為了讓畫面更符合觀者的視覺經驗，產生親切感，避免作品的「相片感」太強烈。

　　另外，我在城市中漫遊取景時，也會視當下狀況在現場寫生，加深對當地的感觸。回家後，或許參考手邊的相片，將當天的經歷畫成遊記。

左圖的相片通常會呈現出較誇張的透視變形。轉為右圖的作品時，以創作者主觀消減相片的透視強度，呈現平視感。

街屋系列的創作步驟

　　創作這個系列時，我通常會進行以下四項步驟。在此以澎湖菓葉村街屋為例，說明如下：

① 現場取景

構圖前會以現場取景的照片或草稿作為主要參考。

這系列的創作形式，是以獨棟的街屋為主，因此，在以拍照取景時我會先考慮之後創作作品的構圖需要，在同一個角度多拍攝幾張細部相片，以利後續創作完稿參考。取景時若依現場狀況方便寫生，我有時也會當場速寫，以加深對街屋的感受度，有助於記錄細節。

② 構圖

構圖時考量畫面平衡感，會主觀地刪減描繪物件，背景標示黑白色的地方會留白處理。

我的重點是放在街屋本身，加上街屋旁以留白方式呈現，可以保留想像空間。因此在構圖時，我會主觀刪減不要的元素，並且考量畫面平衡的需要。上圖中我處理成黑白背景的部分，就是我主觀上會刪減的部位。

③ 線稿

以書法尖鋼筆描繪出靈活有變化的線條。

構圖更進一步時,就開始作品的繪製。
線條的部分我習慣以書法尖鋼筆描繪,
書法尖鋼筆的特殊筆尖造形,可以讓線
條有更多靈活變化。另外也可以使用酒
精性或耐水性的代針筆來作線稿描繪。

④ 上色

最終上色完成後的作品。

完成線稿後,以水彩技法上色。風格以
寫實為主,著重刻畫對象的紋理與質
感,並強調光影的呈現與色彩的鮮明。
顏色以暖色調為主。上色時,先以渲染
及縫合法畫出第一層的底色,再逐步以
重疊法增加層次、加強光影,最後再以
甩點、乾擦等技法增加物體的質感。

附錄 2　認識速寫隨身畫具

　　許多想要一起加入城市速寫的朋友，往往不知從何著手準備材料。我將常使用的速寫工具簡述如下，雖然不一定符合每個人需求，但也許能讓初學者多些可依循的方向。需特別說明一下，以下介紹的是我的慣用畫具，然而創作的媒材沒有絕對，建議大家可多方嘗試，先弄清楚媒材的特性，再依自己想呈現的線條與筆觸去做選擇。

鋼筆

鋼筆是用來初步描繪物體結構，方便之後再以水彩上色，因此是影響線條表現的關鍵。我使用的是「書法尖」鋼筆，這種鋼筆通常用來寫硬筆書法，筆頭呈現向外傾斜角度，使用得宜則可畫出類似毛筆的多變線條。

代針筆

代針筆的特色在於線條一致，有許多可選擇的筆頭尺寸，耐水性，但因線條變化小，若要達到多變線條效果，則需重複塗抹。

防水墨水

由於是先畫線條再上顏色，因此鋼筆內會加注防水墨水。我選用的是德國 Rohrer & Klingner 檔案墨水，而且我會將純色墨水另外分裝並加水稀釋，製造較淡的線條效果，以免搶了色彩的風采。此外，稀釋過的墨水也比較不會乾掉，能避免出水不順。稀釋的墨水如果重複描繪多次，還可以產生墨色層次。

也可以準備多支鋼筆，裝進不同濃淡的墨水來做出層次多變的線條。稀釋的比例可參考 1:10（墨：水），依個人需求調整，可使用 RO 逆滲透水或礦泉水。一般自來水多是「硬水」，用久容易使鋼筆頭結垢造成出水不順。

水彩筆

除了大家一般認知的水彩筆外,有一種便於攜帶的「水筆」很適合旅行外出使用,因為可將清水加注於筆身,在調色或洗筆時,利用擠壓的方式將清水擠出即可。水筆的優點是輕便,缺點是筆毛通常是尼龍毛,品質無法與高級的貂毛水彩筆相比。另外,水筆的尺寸大小有限,只堪用一般小尺寸速寫本,若用在較大的紙張上則顯得吃力。因此當我使用八開(26x38cm)以上的水彩紙,便選用一般貂毛水彩筆。

洗筆罐

外出時可攜帶有蓋的容器裝水用來洗筆,便可省去到處找水源的麻煩。容器可考慮一般市售的有蓋優格,寬大瓶口加上瓶身低矮的設計很適合用來洗筆。

顏料

我常用的品牌是「好賓」(Holbein)管狀水彩,另外也可以使用塊狀水彩,攜帶方便,也是不錯的選擇。水彩顏料品質有高有低,雖然不需買到最頂級,但也千萬不要使用太劣質的顏料作畫,因為較好的顏料在色彩的呈現上比較細緻,品質較差的也相對色彩呈現較差,可能會使初學者產生較大的挫折感。

紙張

考量品質較好及未來保存性的問題,建議選用棉質水彩紙。若平常會使用大量水彩上色,水彩紙厚度要選擇厚一些,避免紙張產生皺摺、水份滲透到背面、紙面因染色產生毛屑等狀況。如果僅是以鉛筆、蠟筆、代針筆等做素描,就可選擇較薄的紙張。

另外也有專用的隨身水彩本,封面通常會加厚,方便繪畫時作為支撐紙張的畫板使用。若想嘗試較大尺寸作品,則可用加厚的塑膠瓦楞板自製折疊式畫板,以利攜帶。

MimiBlack隨身畫具

《銀魚水彩盒》

有十二格格子. 我通常一格內會擠入2種顏色相近的顏料. 這樣我可以帶24色.

《好賓 HOLBEIN 顏料》

《代針筆》

德國輝柏牌. 0.1～0.5不等的尺寸. 便於寫字. 或畫小物. 線條變化小.

《鋼筆》

使用俗稱"書法尖"的鋼筆. 牌子有 DUKE 或百樂. 因筆頭傾斜度大. 可畫出類似毛筆的多麥線條.

(筆頭傾斜角度大)

有不同筆尖和尺寸.

《洗筆罐》

超商買的"植物9優". 瓶口大. 方便洗筆.

《水筆》

便利的隨身用水彩筆. 可裝水在筆桿. 洗筆、調色一支搞定.

但缺點是因為不需洗筆罐. 所以顏色容易髒. 加上筆頭是尼龍的. 若講究筆毛品質的人就不適用.

《水彩筆》

如果口袋夠深可以帶上全貂毛的水彩筆. 我是使用"ESCODA"和"拉斐爾"品牌.

《防水墨水》

鋼筆內要加注防水墨水. 上色時顏色才不会暈開. 我使用"德國. Rohrer&Klingner" 檔案墨水 (700號是純黑. 600號是深褐色, 我較愛600號). 可以另外加水稀釋再加進鋼筆. 筆觸顏色較淡. 重複畫則有墨韻效果.

《速寫本》

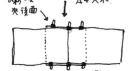

Fabriano 水彩紙. 尺寸多種. 有時是A5尺寸. 有時是15×24cm. 或是特殊尺寸15×36、20×46cm. 通常会帶兩三種在身上. 以備不時之需. 較常把A4大小的速寫本內頁拆下. 攤開成為橫A3. 後面再用塑膠瓦楞板夾著. 便可畫橫幅全景. (缺點是中間会留下拆痕.

硬板夾後面

A4大小

攤開成為橫A3大小.

《手帳》

使用日本"TRAVELER's notebook" 皮革外皮起有質感. 內頁約可塞入三本同尺寸不同用途的本子. 我使用"012 畫用紙. Sketch paper" 上色效果不錯. 紙質厚. 而捨得做一些渲染效果. 手帳全用這個畫的!

以速寫記錄生活

　　幾年前因為接觸了「城市速寫」這樣的創作方式，讓我感到生活周遭處處是作畫的題材，也開始懂得放慢速度去觀看世界，對以往不在意的風景有了新的觀點。對我來說，城市速寫不僅是種創作方式，更是一種生活態度，希望人們能在現場完成作品，藉由時間的延長，增加對環境的感受。雖然書中這些街屋並非全在現場完成，但我在很大的程度上也是受了這樣的啟發，進而開始觀看生活周邊的細節，才會有這系列作品產生。

　　因此在本書的最後，我想向大家介紹一下城市速寫，以及我是如何用畫筆記錄生活。

每個人都能上手的城市速寫

　　「速寫」（sketch）一詞在《西洋美術辭典》中的解釋是「作品或作品部分的粗略草圖」，是藝術家用來探討光影、構圖和作品規模等要點所做的研究素材，也是全幅圖畫的初步構圖。在照相術尚未發明前，速寫可以幫助藝術家觀察自然、捕捉畫面，作為作畫資料的媒介。許多藝術作品中的動作、神態無法憑空想像，因此當時的藝術家倚靠數量豐富的寫生素描習作去觀察、記錄生活中的形象，就像是創作素材的資料庫存。即使到了近代已有了相機的發明，許多畫家仍選擇在大自然寫生，並將寫生畫稿重新組合再造成大幅的作品。

　　而現今「城市速寫」與早期的「速寫」（或稱手稿），兩者「功能性」與「對象性」略為不同。從功能性來看，速寫早期是作為藝術家的構圖草稿資料，而在城市速寫中成為速寫人記錄城市的「作品」，風格有的繁複多彩，有的寥寥幾筆，但對於速寫人來說都是一種生活的記錄方式，而記錄的結果也不一定

會再作為草稿運用，已是最終的完成畫面。從對象性來看，早期速寫人主要是藝術家，而現今則鼓勵一般未經過美術專業訓練的人都可以參與。

台灣近年在「臉書」上也興起一股速寫風潮，各地網路速寫社團紛紛成立。此類速寫社群有別於傳統的美術畫會，強調不以作品美醜論斷好壞，重點在於「以自己的風格記錄生活，並且透過網路共同分享」的生活態度，鼓勵人們放慢腳步，觀察身邊的人事物。

創作的方式也與普遍印象中的「寫生」有些許不同。過去的寫生方式較多是背負多樣的畫具、畫架，在定點長時間完成單一件作品，而城市速寫最大的不同是以「走畫」的方式，也就是漫遊在街道中，當瞥見有趣的畫面便停駐作畫，時間約莫一至兩個小時，再起身繼續前進。這樣的過程除了作畫之外，也重視與環境相處當下的感受。

藝術創作並非只為了最終的作品呈現，過程中的習作也相當重要。速寫能訓練創作者「眼、心、手」的協調關係，看到畫面後如何在心中內化，最後透過畫筆將心中的畫面呈現。這一連串過程需要透過大量的訓練與思考，才能轉化到作品上。可見城市速寫不僅對美術專業的人來說相當重要，對於未接觸過美術訓練的人也很有用，因為城市速寫不講求好或壞，而是如何以自己的方式記錄眼前的畫面。就如同孩子一般，雖然沒有接受過專業訓練，卻敢在畫面上大膽揮灑，從中找到快樂。

速寫人若能透過繪畫重新認識城市，感受到城市的美好，這才是城市速寫真正想傳達的精神。

為何要以繪畫代替照相打卡？

拍照，是記錄畫面最快速的方式。過去我出國時也曾想拚命拍照，彷彿沒將眼前畫面全部記錄下來就很遺憾。但是仔細想想，拍了這麼多相片，日後再重新翻閱的次數卻少之又少，甚至對於相片中的場景毫無印象。

而繪畫與照相不同，很大的差別在於「速度」。以繪畫的方式記錄，必須花上許多時間觀察細節，但也因停留更久，對現場的環境記憶就更加強烈，這點是照相無法比擬的。

我們可能因為花時間描繪一張畫，讓身體的感觸與現場有更多連結，日後看到這張畫時，也許就會想起當時的陽光，想起路人和我們聊天的內容，也會為了要描繪眼前景物，更加用心觀察，進而發現從未注意的細節。將城市速寫的行為內化為生活的一部分，並且在平時的旅途中保持這個習慣，不僅可以畫下眼前事物，對於當下環境感觸及記憶也會更加強烈。

可以先試著每天抽出一點時間，用走路的方式觀察身邊最不起眼的角落，用耳朵傾聽都市的喧囂與吵雜，用嗅覺接受環境各種味道的衝擊，相信會對這個世界有著全然不同的感覺與體驗。

如何開始記錄自己的日常？

「出門時，你的背包裡會放些什麼東西呢？」

城市速寫人的背包裡，總會有一本速寫本，還有一支筆。視每個人的作畫習慣，有些人會帶水彩顏料、墨汁，也有人用撿來的樹枝做筆，更有人用 iPad 作畫。媒材並不是最重要的，端看你想怎麼表現。我習慣隨身帶著速寫本和畫

具，雖然不一定每次都有機會作畫，但總是有備無患。

常有人問我，是先看到喜歡的畫面再決定坐下來畫，還是先有地方坐再考慮如何把眼前的景色畫下來？其實兩者皆是。如果能夠先對眼前的事物有了感動再作畫最好，但常常會遇到現場不適合作畫的狀況，例如天氣太熱或沒有安全的地點，當然也有許多畫友十分樂於克服這些困境，這樣的過程會讓這幅畫增加更多特殊感受。

另外也有種狀況是，雖然有了適合的地方作畫，卻沒有非常好的景。這時可以試著訓練觀察力，總會有個角落、有個打瞌睡的人、有塊招牌能引起我們的興趣。喜歡畫畫的人不怕等待，因為等待的過程正好可以用來畫畫，永遠不怕無聊。

常聽人說沒有時間可以畫畫，其實用畫記錄生活不一定需要很長的時間，即使寥寥幾筆也是有趣的記錄。不要害怕別人的看法，也沒有美醜的問題。我們常覺得孩子的畫很有「生命力」，是因為孩子可以無拘無束「做自己」。所以，大膽動手畫就對了！

也有人會問：「我很想畫畫，可是不知道要畫些什麼？」那麼「城市速寫」絕對會是最好的選擇。生活處處可以入畫，膽子大的人可以走出戶外，記錄身邊的風景；比較害羞的人可以從家裡小物開始記錄，畫一塊蛋糕旁邊寫上心情，或是畫上今天煮的菜，註記烹煮過程，這些都是非常好的生活記錄。

最後想再問問各位：「出門時，你的背包裡會放些什麼東西呢？」

希望看了這本書之後，你的背包裡會多了一本速寫本和一支筆，當然別忘了，還要有一顆柔軟的心。

真摯推薦

水彩筆下的建築觀察

李清志　建築作家、實踐大學建築設計系副教授

　　用畫筆、相機記錄城市，是都市觀察家的任務，因為城市是活生生的，城市中的建築會隨著不同的時間，以及擁有者的不同而改變。沒有兩棟建築是一模一樣的，因為使用者會在建築物上留下屬於他自己的生活痕跡，這些不同的生活方式呈現，也是讓城市建築多采多姿的重要原因。

　　台灣喜歡在街頭速寫繪畫的人不少，但是鄭開翔是少數有系統地收集描繪街屋建築的畫家。在他筆下一棟棟特異獨行、光怪陸離的街屋建築，被完整地記錄下來。我發現他雖然是藝術科系出身，卻有著建築系都市觀察的敏銳眼光，那些水塔、鐵窗、招牌、鴿舍等等看似醜陋的違章建築，都被忠實地記錄下來，並沒有被美化或刻意忽略，反倒呈現出一種屬於台灣在地的庶民建築美學。

　　書中所呈現的街屋建築，有些我也曾注意過、拍照記錄存檔，但是繪製下來的作法，卻與拍照有所不同。因為拍照通常按下快門就結束了，並沒有花時間、花心力仔細去觀察；但是繪製建築物卻給我們更多的時間，去觀察所有的細節與內容，真正思考並瞭解台灣人的建築文化與生活真相。

　　這本書中出現許多大家熟悉的街屋建築，像是台北車站前麥當勞的招牌立面、桃園的鬼手造形美甲立面、台東阿伯的小白屋、高雄小堤咖啡，以及台南西門圓環猴標六神丹等等，其中我最喜歡他所記錄的台中霧峰度人生檳榔攤，

這座建築以一種「之」字型的姿態存在著，有點類似上個世紀初蘇俄構成主義的建築，強調一種動態的平衡感，所以建築的姿態都不是對稱與四平八穩，而是一種歪斜、不對稱，但是卻可以平衡的狀態存在。

　　度人生檳榔攤就是這樣的一種狀態，破爛的檳榔攤上架起歪斜的違章建築，鐵皮屋與招牌在風雨歲月的摧殘下已破爛不堪，卻可以屹立不搖，就好像這座檳榔攤的名稱「度人生」一般。鄭開翔的著作不單單只是美好的素描圖輯，每一座建築他都有自己的觀點與詮釋，他對「度人生專業檳榔攤」的詮釋是：「度人生」三字暗示一種與世無爭、看時間流逝的生活態度；「專業」兩字則在強調檳榔的品質，似乎要告訴顧客，檳榔是陪伴你悠閒度日的最佳良伴。

　　我很喜歡這本記錄台灣本土街屋建築的書，可以說這本書記錄的是真正的本土色彩建築，對於外國觀光客而言，應該具備十足的吸引力；對於我們而言，則充滿著一種熟悉與懷舊。在鄭開翔的畫中，這些建築不再只是冰冷的物件，而是活生生的記憶與歷史。從他所畫的每一棟建築中，我們可以讀出屬於我們自己的生活故事，這些故事讓我們內心感到溫暖與滿足。

以新的眼光幻化出動人的土地風景

——— 畢恆達　台灣大學建築與城鄉研究所教授

　　我很喜歡以建築／建物為主題的繪畫，它比肖像、靜物畫更能表現空間感，更能凝聚人與環境互動的歷史痕跡。藝術家總是有著獨特的視野，能夠把熟悉的事物陌生化，讓在地人取得新的眼光。《街屋台灣》的作者鄭開翔似乎偏好招牌、鐵皮屋、市場、老建築、共生樹、摩托車等累積庶民每日生活實踐的景物，經由敏銳的觀察與高超的技巧，幻化出一幅又一幅動人的風景。

　　相對於一般介紹建築的書，每幢建築背後都有一位著名的建築師，而《街屋台灣》描繪的比較不侷限於建築（architecture）而是建物（building），更接近日本路上觀察學的取徑，記錄街道中各種有趣新鮮的事物，揭露了與建築師筆下全然不同的都市樣貌。這也讓我聯想到賈克・大地（Jacques Tati）導演的電影《我的舅舅》中，現代住宅社區是白色、乾淨整潔、井然有序的，但也充滿著虛偽與做作；傳統社區則是曲線、有味道的，有著滿滿的人情味與意料不到的突發事件。

　　電腦技術的演進，讓城市中陸續出現一些造形奇特的建築。電腦也同時改變了城市的細部景觀，像是電腦刻字的普及，造成招牌文字的制式化，不再像手寫的招牌那麼有人味。電腦也取代了傳統的刻印、繡學號方式，改變了這些傳統行業的手工美學。

　　漫步街頭，選好視角與距離，使用手機按下快門即可為眼前的景色留下美麗的影像，但如果要素描，則必須要有更為細緻的觀察。如何在一張白紙上圖寫，牽涉到布局、取捨，以及對建物（細部、招牌／文字、人物）與光影的描繪，一筆一筆才得以成形。

素描必然需要步行。人們在城市中移動的速度,會影響對城市的認知與觀感。有人建議,初到陌生城市,可以選擇一條貫穿城市的公車路線;鄭開翔則建議可以到中正路(全台灣有近兩百條中正路)探索其左右延伸的小巷。他把寫生當作一種行動藝術,藉由對當地的擾動,改變在地人的感受。

由於是速寫,感官的焦點在於視覺。正如《用視覺元素說故事》一書,作者用空間、線條、形狀、明暗度、色彩、節奏等元素(連銀幕上的演員也化約成色塊),來分析電影的意義。鄭開翔也提到,外國的遊客由於讀不懂中文字的意義,滿街的招牌對他們而言,不知其義,就只是成堆的色塊而已,也因此招牌成為彷彿現代藝術的拼貼作品。

我還是忍不住數了一下,一百張街屋作品裡面有四十張的前景有機車。台灣確實是世界上數一數二機車數量最高的國家。台北橋每天上下班尖峰時間所形成的「機車瀑布」更登上國際新聞的版面。圖中的這些機車,為畫面增添了人味、動感,也調解了畫面的結構與平衡。有時候我想那似乎是繪者在畫上的簽名了,看了讓人安心。

多數的潛在讀者可能沒有城市速寫的專業,但是透過鄭開翔實地造訪後生產的一幅幅吸引人的圖像,可以引領我們跳脫本地人的身份,進一步從新的眼光探索這塊我們賴以生存的土地。

美的發現，需要細心

——— 阮光民　漫畫家

　　如果說，我們把都市小鎮形容成叢林，那麼沿著道路巷弄座落的建築地景就是伸長根莖綻放的花和樹。倘若，生命是一趟旅行，但是人總是汲汲營營將目光放在前方，時常掠過身邊的風景。

　　美的發現，需要細心。

　　作者把細心投射在目光，透過手上的畫筆在紙上觸及，像魔術師，把景象如同化學效應般拓印在紙裡。就我而言，把眼前的景物畫在紙上的樂趣遠比用相機映在記憶卡裡來得多，我想這一點作者不會反對，畫畫的人就算不在嘴上稱許，也會在心中默默按讚或用手指比愛心。

　　台灣是座包容性很大的島嶼，許多國家都曾在這留下文化的足跡，這也成為台灣風情的底蘊，可能是一家雜貨店，也可以從一家眼鏡行，或是每天經過的早餐店，甚至是廢棄的倉庫，都能從建築察覺出各國文化留下的蛛絲馬跡，已經和台灣庶民的生活和諧地融合一起。我真的很羨慕作者可以親自去看這麼多風景，也很有規劃地記錄這些屬於台灣的記憶。

　　許多廣告、文章常說台灣最美的風景是人。沒錯，景物的美需要人調味，建築需要人走動，也許有空可以拿著這本書按圖索驥，逛逛台灣這座繽紛溫暖的叢林。

跟著畫家的眼光認識台灣街屋

———— 張柏舟 前台灣師範大學設計研究所教授兼所長

　　認識鄭開翔（我們稱呼他小開）在大約 2012 年，台灣正開始致力於城市速寫的繪畫活動。當時開翔在南台灣的屏東、高雄帶動畫家們認識新的繪畫形式「城市速寫」，透過簡單的繪畫工具來描繪記錄，述說自己周遭環境及居住旅遊地的人事時地物，並因手繪的作品而有分享的樂趣。開翔從屏東起步，以速寫記錄觀察各地城市鄉村的環境或建築，並從作品中解釋各地的人文地理風貌特色，之後更由南到北擴展至東部等地的村落小鎮。

　　城市速寫要將現場即時所見手繪呈現，必須擅長現場速寫、水彩技法及快速勾勒線條質感，更重要的是，必須有美感創意的敏銳眼光，才能以一張作品傳達當下所見美景。而開翔擁有藝術系培養出的專長，並曾獲得許多殊榮，如世界水彩大賽、國際水彩協會金藝獎等，還到大阪、廈門、新加坡、北京等地與國際畫家相互交流，擁有相當豐富的繪畫速寫經驗與國際歷練。

　　2017 年，開翔開始有了他城市速寫創作的新主題。他走畫全台各地城市鄉村，記錄一百棟街屋。雖然台灣街屋有著不同的建築類型，但他選擇的卻是最具有人情味、與人們生活最貼近的商店、住家或空屋。這些街屋也許被認為是都市中雜亂的一部分，但他就專為此類台灣僅有的都市特殊地景文化開啟了美的視野，使之能傳述下來並成為有著大眾美學欣賞價值的作品。

　　城市速寫不同於使用照相機拍照留存，它需要畫家的繪畫熱忱、繪畫能力及寫生技法，而這本書正是開翔展現在讀者面前的最佳成果。翻開書，欣賞這些作品，就可以跟著開翔敏銳的眼光，從細微且複雜的圖形中，學習到畫家勾勒的線條、造形符號、活潑色彩，並且認識台灣一百間有趣的街屋。

　　遠流出版公司的《街屋台灣》一書，正是全台愛好城市速寫、繪畫寫生及熱愛台灣本土文化廣大群眾的一大福音，特此推薦好友鄭開翔的這本佳作。

記錄當下的台灣風景

凌宗魁　國立台灣博物館規畫師

　　街屋，或說「店屋」，從名稱即可看出其臨街而生、住商混合的空間特性，居民兼商家的雙重身分重疊於同一個屋簷下，營業與生活場景切換自如，空間運用機動性高，是最能代表臺灣共同生命經驗的城鄉空間。即便公寓大廈日益密集，居住與商業行為緊密相鄰的特色仍然保存於台灣街巷之中。

　　初見鄭開翔的作品感到非常驚豔，和大多建築人只看到建築構造本身的眼睛不同，俗豔的招牌、鏽蝕的鐵皮、褪色的燈箱、斑駁的油漆，陳舊卻仍帶生命力的色彩，在畫家筆下躍動著南國陽光明豔的光影，是庶民熟悉的日常氣息。

　　雖然台灣雜亂的街景總為人詬病，但透過畫家眼睛所見的街屋，除了精緻的山牆灰泥、質樸的紅磚砌牆，另外包括白鐵桌、塑膠椅、攤車、菜籃、曬衣架等物品，也都在高深的水彩功力下化為故鄉的召喚，生命的故事交錯發生在其間。此外，熱帶的茂盛植栽也在畫家筆下顯得更有活力，綠意盎然的畫面賞心悅目。

　　台灣社會關注文化資產的風氣日漸提升，對於何謂值得保存事物的觀念也持續調整變動，除了見證大歷史朝代更迭的公共建築，刻劃常民生活痕跡的住宅店舖也有不少受到法定文化資產身分保護，甚至劃定保護區域留存整體風貌，反映時代不只是由統治者，更是由所有一同走過的民眾共同編織而成。

　　環境永遠持續在改變，要如何讓故鄉環境品質提升、更適合人居，有賴居住其間的人們努力。感謝開翔畫下了當下的台灣風景，或許會在未來成為可資對照的珍貴記錄。

與歲月時光共同創作的台灣印象

老屋顏　老屋觀察紀錄團隊

時常外出取材，旅程中我們也常向居民問路，有趣的是，當街坊鄰居們熱切指引方向時，總會主動將地圖上生硬的線條轉化為畫面鮮明的街貌，不僅方便我們找尋，也勾起眾人共同的回憶。幾十年來的時間堆疊，地小人稠的台灣交融出獨特的街道樣貌，乍看之下，建築形式與商家類型皆大同小異，甚至逐漸被招牌淹沒的建築立面讓人感到雜亂，但是總有些令在地人懷念也吸引旅客朝聖的細微之處難以言喻，也許正是街屋裡人們的生活印記。

前往陌生的城市，人們不免俗地造訪新穎奪目的地標，期盼用最短的時間體驗當地人文風俗，似乎透過手裡不停按著的快門就能留下最珍貴的回憶，卻總少了些什麼；走近熟悉的老店，望著門前高懸的手繪招牌與數度翻新的店舖裝潢，層架上除了陳列老字號商品，偶而也會擺上幾件店主個人珍藏，雖難以斷定屬於哪種裝飾風格，卻十分親切，此刻思緒伴隨自然陳舊的事、物重返兒時，原來關鍵在於「時間」。

《街屋台灣》作者鄭開翔以繪畫記錄生活，漫步在全台各城市觀察街屋中的庶民文化與生活軌跡，除了透過文字記載，也運用水彩暈染出懷念的往昔、勾勒出歲月淬煉的市井人文，雖不似攝影快速捕捉當下，但每次放慢思緒創作的過程都是一段「時間」與「時間」的對話，畫風質樸細膩，本書也像作者與歲月時光共同創作的台灣印象。

充滿生命力的台灣庶民味

—————————————— 劉冠吟　《小日子》雜誌發行人

　　很多人覺得台灣的市景醜，而這「很多人」大部分是生長在這塊土地上的我們：嫌招牌多、看不起鐵皮屋、覺得店家長得土氣……正所謂「親近生慢侮」，越熟的人越看不到他的優點，越常相處的土地越漠然。其實每個市景都是歷史成因及生活風俗的綜合有機體，美醜很主觀，但台灣的街景絕對是有趣的。

　　這正是我深深喜愛《街屋台灣》這本書的原因，透過開翔的眼睛，帶領讀者進入一個從未觀察過的視野，即使他筆下的那些台灣街景，日日出現在你我周圍，但通過他的畫作跟文字，乍然發現：「啊，原來我的生活環境這麼好玩。」

　　身為得過多次大獎的水彩畫家，開翔並沒有為書中每一幅街景寫生建立高深的鑑賞門檻，而是如實捕捉台灣街景的精髓，並用飽含情意的文字，分享藝術家眼中的觀察：「大樓外牆上像即將出嫁的少女，將所有家當掛在身上。」「這樣的畫面十分雜亂，但又十分接地氣……同時又怕客人不知道什麼能洗、什麼不能洗，所以在招牌上竭盡所能把標示通通寫上去。」

　　我是個在台灣土生土長的孩子，對於這塊孕育我的土地總是又愛又恨，時而覺得不爭氣，而讀著這本書，常常有在跟開翔隔空對話的感覺，「建築代表的不僅是時間的刻度，更是一個個故事」。跟著鄭開翔，這本書可以一看再看，反覆咀嚼台灣這荒謬諧趣又充滿生命力的庶民味。

細探那一磚一瓦的故事

張真輔　自由插畫創作者

　　在為小開寫推薦文的同時，我正在國外走讀，難掩期待的心情欣賞著小開透過畫筆記錄台灣街屋面貌，著實也讓我有了許多共鳴。當我走在異國的繁忙市區街道，放眼望去一棟棟現代建築林立，我也試著找尋幾乎要被埋沒的街屋。我想那是認識一個城市或一個地方的開始，但或許全世界都一樣，日新月異下，更多更新、更摩登的現代建築掩蓋老舊街屋。

　　看著小開走訪台灣不同地區的街屋記錄，透過畫筆將它留下，那似曾相識的街屋彷彿又帶領讀者回到過去。那一棟棟從地面長出來的一磚一瓦，都有屬於它的故事和歷史，不管人在何方，翻閱此書都能喚起曾經或此刻我們身處的地方，街屋的存在對我們的意義。

　　我第一次和小開會面，也是在一棟快一百年的老建築——雲林故事館，當時驚豔於小開繪畫時敏銳的觀察和行動力。後來有幾次機會，我們一起分享彼此的旅繪經驗。我相當敬佩他的執著與精神，這些年也看著他凡走過必留下畫跡的記錄，好像也跟著他的畫筆旅行著，總是讓人期待著他那精彩又有趣的圖文。

　　這幾年自己也利用單車、帶著畫筆旅繪自己的家鄉或世界各地，如小開一樣透過畫筆呈現當下的觀察跟心境。透過小開精彩的圖文街屋系列，能讓讀者再次細細品味台灣街屋過去與現在的不同面貌，更會讓人等不及想再一探老街屋的面貌。

街屋，城市的記憶

———————————————— 1/2 藝術蝦　城市畫家

　　認識小開已經三年多，他的作品總讓我有一股溫暖的感覺。我想，既然這本書介紹的是台灣的街屋，那麼我就從小開的老屋工作室開始談起好了。

　　還記得去年七月，我到屏東演講，順便安排一個上午的時光拜訪小開。小開的工作室位在青島街，是一棟有著幾十年歷史的日式老屋，和比鄰的其它老屋組成一塊沉澱著歷史的眷村社區。它也像台灣其他眾多老眷村一樣，隨著時代的前進逐漸凋零、荒廢。

　　老屋裡的其中一間房間是畫室，書架上擺著滿滿的藝術書籍，桌上散置著畫筆和顏料，看來像是隨時處在準備創作的狀態。我對這塊書桌印象深刻，因為它看起來古老又巨大。經小開解釋，我才知道其實這塊書桌原本是房間裡的木床，在小開的創意下，改變了用途。

　　參觀完畢，我們就在客廳速寫。因為想不到要畫什麼，最後決定，不如就畫一幅他的背影吧！作畫時我們隨意閒聊，小開提到他正在寫一本記錄台灣街屋的書，我直覺地認為這會是件很有意義的事。

　　幾個月後《街屋台灣》順利出版了，我也有幸作為推薦人先閱讀了書稿。讓我驚喜的是，看似平凡不起眼的街屋，在小開的筆下竟然如此深刻動人。每一棟街屋都有著獨特的個性，也像不同的人生。這些看似不相關的點點滴滴，連結在一起，形成了在台灣土地生活的另一種面貌。

　　在小開的眼中，街屋雖不起眼，卻是城市記憶的一部分，值得被記錄、保留下來。多年後，當這些街屋隨著時光的流逝一棟又一棟消失，我們的子孫們還能從《街屋台灣》裡，看見一座城市的過去。或許，這就是這本書所帶來的特殊意義吧！

　　小開無庸置疑是個熱愛台灣土地的畫家，也因為有這樣的熱情，才能寫出這本讓人感動的書。

屏東市龍街
於有。好樹

C.W.
2018.7.14

國家圖書館出版品預行編目（CIP）資料

街屋台灣：100 間街屋，100 種看見台灣的方式！=
Taiwan street house/ 鄭開翔圖 . 文 . -- 二版 . -- 臺北市
：遠流出版事業股份有限公司 , 2023.10
　面；　公分
ISBN 978-626-361-219-8(平裝)

1.CST: 人文地理 2.CST: 房屋建築 3.CST: 臺灣

733.4　　　　　　　　　112013329

街屋
台灣

TAIWAN STREET HOUSE

100 間街屋，
100 種看見台灣的方式！

圖・文　　　鄭開翔

主編　　　　林孜懃
副總編輯　　鄭祥琳
美術設計　　陳采瑩
行銷企劃　　盧珮如、鍾曼靈
出版一部總編輯暨總監 王明雪

發行人　　　王榮文
出版發行　　遠流出版事業股份有限公司
地址　　　　104005 台北市中山北路一段 11 號 13 樓
電話　　　　(02) 2571-0297
傳真　　　　(02) 2571-0197
郵撥　　　　0189456-1

著作權顧問　蕭雄淋律師
2019 年 2 月 1 日 初版一刷
2023 年 10 月 1 日 二版一刷
定價　新台幣 599 元（缺頁或破損的書，請寄回更換）
有著作權・侵害必究 Printed in Taiwan
ISBN 978-626-361-219-8

YL遠流博識網
http://www.ylib.com　　E-mail: ylib@ylib.com
遠流粉絲團 https://www.facebook.com/ylibfans